艺术之旅微笔记系列
LONDON

# 漫步大英博物馆

Rambling in the British Museum

HELLO LONDON!

江西美术出版社
全国百佳出版单位

## Part 1 WARMING UP



## Part 2 从大英博物馆出发

## Part 3　人类之最强大伦敦艺术指南



## Part 4　带一片艺术回家



## Part 5　只是特别特别留恋

# 您好，
# 您拨打的用户正在去大英博物馆……

Sorry， the subscriber you dialed is on the way going to British Museum……

远游总是从别处吸引着自己。不过才几百年前，跨越几千公里到异地去一探究竟的，无非是投机商人、冒险家之类，更何况这还都是些浪漫的大男人事业！据说全世界的女性都是由肋骨幻成，那夏娃一出生就应是游子了。

变绿君与一帆所完成的这本书，像游记般，既走马观花，又事无巨细，将大英博物馆中的系列藏品为众多读者带来一系列详细的介绍，让人欣喜不已。书中的资料旁征博引，态度极为认真。都说现代科技能让人足不出户便可享受远游的乐趣，但，虚拟来的不真切，感觉始终不自然。当你读完这本书，英伦三岛扑面而来时，我反倒劝你要给科技留点余地，别让它显得太局促了。

女性总是在男人想象不到的地方出奇的坚强。英吉利，不列颠，这个岛国的女性从来都没停止向外的探查。海风忽喇喇地吹满船帆，将所有俊俏的，喝醉的，胆大妄为的水手，吹得散了。女王伤心，从此唇颊便蓄起须来。

# Part 1 WARMING UP

说起伦敦，你会想到什么？马卡龙色套装的女王？著名的伦敦眼？或者是鹿帽斗篷的夏洛克？事实上，对变绿君来说，伦敦的气质其实很难用具体的名词来表达。它沉吟而俊朗，不谙花腔花调，历经沧桑，满身尘土，年轻诚稚，奋力向前。这性格或许就是“英式”的含义吧，也正为变绿君与一帆所爱。漫步伦敦，尝试靠近它，到议会大厦和大本钟观望英国标准的姿态与表情，走到白金汉宫感受“最伟大政体”的得失与智慧，去海德公园捕捉当下伦敦的悠闲与自在，去特拉法加广场游弋回想那些不可回避的历史，这里的故事与记忆都值得细嚼慢咽。

伦敦眼

**假如你厌倦了伦敦，**
**那么你一定厌倦了生活**

——塞缪尔·约翰逊

1

# 伦敦，伦敦

## 01/ 伦敦历史一览

公元前 55 年，罗马人第一次入侵英国时，伦敦仅仅是泰晤士河畔的一排小茅屋。100 年后，这个罗马人口中的“伦迪尼乌姆”已经发展成一个小港口，并成立了经济贸易区。1066 年，诺曼底军队征服了伦敦，并确立其英国首都的地位。随后伦敦迅速发展，逐渐成为世界的几座主要城市之一。

英国的主要历史变绿君将在后文中结合艺术品详细介绍。下面，变绿君将以 1070 年伦敦塔的建成为始点，简述伦敦的城市历史。

海德公园

上 / 伦敦标志性的电话亭、邮筒
中左 / 白金汉宫大门细节
中右 / 巴士与马车
下 / 圣保罗大教堂

**1098**

伦敦塔建立发生在诺曼人入侵的时期，在这之后，英国迎来了整个欧洲的“黑暗社会”——中世纪，黑死病没有放过欧洲的每一个角落。赋税严重，民不聊生，起义运动频发。

**1485**

亨利七世获取了玫瑰战争的胜利果实，并建立了都铎王朝。英国步入封建社会的鼎盛时期，整体壮大发展，实力逐渐雄厚。

**1649**

17 世纪，秉承了历史此起彼伏的原则，英国步入斯图亚特王朝，国王詹姆斯一世与查理一世的大兴土木致使英国内战爆发。

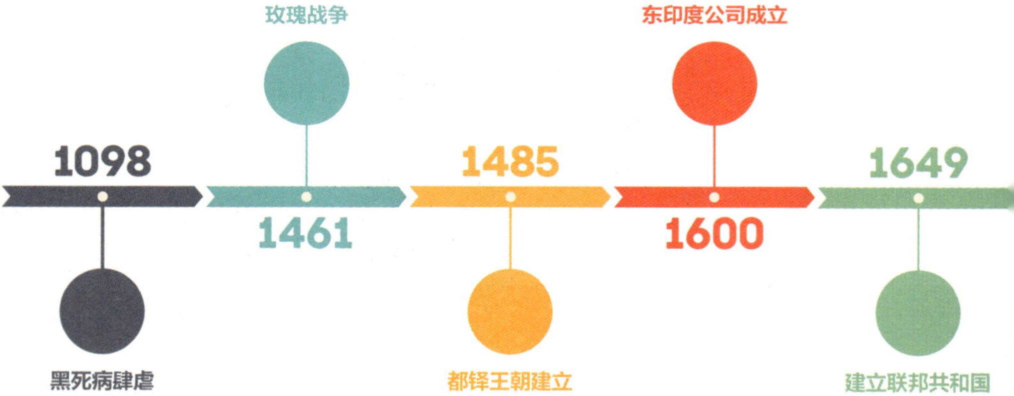


**1461**

1461 年，爱德华四世借助巫师的力量，短暂地获得了玫瑰战争的胜利。英国步入稳定时期，退伍军人与商人这两个富有阶层随之崛起。

**1600**

亨利八世将英国从宗教的束缚中解脱出来，他的女儿伊丽莎白一世在位 45 年期间，伦敦成为欧洲贸易的中心，探险和发现新大陆的活动频繁进行。

**1660**

又秉承了历史曲折前进的习惯，1660 年查理二世复辟，祸不单行，1665 年伦敦黑死病泛滥。

**1837**

18 世纪的伦敦进入恢复期，紧随其后的是被称为黄金时期的维多利亚时代，英国在维多利亚女王的统治下，走向了世界之巅。

**1956**

20 世纪的伦敦已为世人所熟知。它经历了一战，有了摇摆的一代，又走过了奥运会、女权运动、颁布了《清洁空气法案》。至此，一个沉潜的富有英式幽默的伦敦进入了中国人的视野。

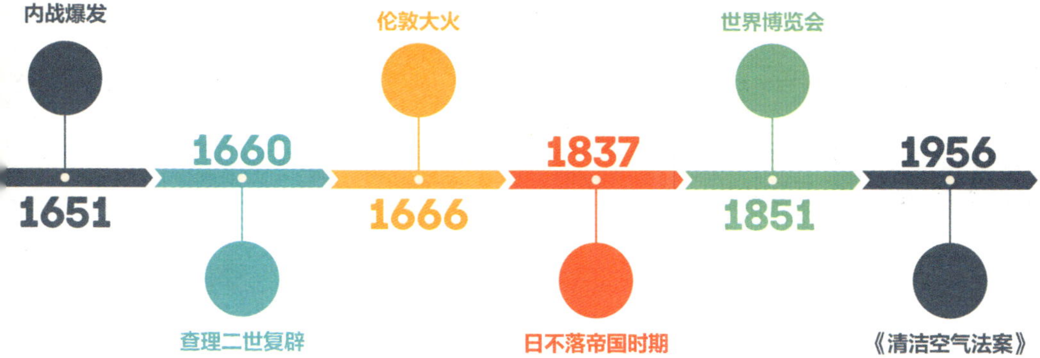


**1651**

1649 年，在著名的克伦威尔领导下英国成为了一个联邦共和国。

**1666**

1666 年伦敦大火吞噬了近 10 万人，60% 的伦敦消失在黑烟焦土中，化作了历史的一抹烟尘。

**1851**

这是英国人最为缅怀与留恋的时代。19 世纪，伦敦成为世界的中心、最为富有强大的英帝国首都。1851 年水晶宫举办的世界博览会是这一说法的绝佳例证。

俯瞰王子街

## 02/ 伦敦四季巡礼

出门在外，不知道大家最关心的是什么，而变绿君却十分在乎气候与季节。比如出门前会考虑“日本春夏节日多，比较好玩”；“秋冬正好可以给浮华的巴黎降降温”；“连英国女王都将自己 4 月的生日改到 6 月了”……事实上，四季的伦敦都有它的情调。钟情户外的你，或许春夏最棒，气温不高而空气极佳；喜欢博物馆与美术馆的同道们，变绿君则建议冬季，因为伦敦的温情与宁静在冬日最盛，还可以巧妙地回避伦敦最经典的“一阵晴，一阵雨”的天气带来的负面影响，博物馆人也不多，可以更好地守护一段与历史和艺术沟通的时间；而血拼一族的良辰自然是七八月的折扣季与圣诞大甩卖了。

**通过四季**
**进一步了解伦敦**

伦敦出租车上面的杭州广告

## 春
SPRING

阳春3月的第三个星期四，圣克莱蒙特教堂通常会举办“橘子与柠檬”的活动。当地的小学生会在活动中朗诵大家熟悉的儿歌，每人可以获得一个橘子或者柠檬的奖励。

教堂和一些慈善机构会在受难节与复活日这些经典节日举办活动，分发食物。

国人喜爱的五一劳动节同样盛行于英国，运河游船庆典是节日的传统项目。5月的最后四天，切希尔皇家花园都会举办“切希尔花卉展”，大家是否记得英剧中那些攀比“谁种的玫瑰最美”的女士们呢？并且，你还很有可能在花卉展上遇到陪着妈妈逛花园的本尼迪克特哦。

上 / 伦敦街道
中 / 古堡一景
下 / 威敏斯特教堂

夏

SUMMER

夏季的英国，它温暖的气候，简直没有比这更可爱的东西了。

6月是伦敦的艺术狂欢月。皇家艺术学院夏季巡展将缓缓拉开帷幕，整个伦敦充斥着各类音乐、艺术、电影等节日氛围。摄政公园露天剧场和莎士比亚环球剧院有露天剧表演，变绿君曾在重庆国际青年戏剧节上看过英国的实验剧《牛奶树下》，此后深为英国戏剧所着迷。戏剧之于英国，无疑是《论语》之于中国的分量。

变绿君与一帆非常期待7月中旬的BBC逍遥音乐节，奈何缘浅，这趟行程并未体验。亲爱的读者，如果你有空不妨代而为之。

露天喜剧表演

左上 / 公交巴士
左中 / 游轮
左下 / 享受阳光
右 / 街边一角

伦敦的秋天

## 秋
AUTUMN

9月的市长泰晤士河文化节宣告了秋天到来。

你会想参加10月万圣节的狂欢与11月的篝火晚会之夜吗？有小孩的朋友千万不要错过10月的伦敦儿童电影节。

冬日的伦敦街头

**你看，**
**就是这样的英国，**
**在不同阶段忙于当下的生活。**
**任何的欢庆都被表达得不愠不火，**
**却相当甜蜜有趣。**

冬
WINTER

冬天的圣诞节是一年之中的重头戏，12 月中旬的伦敦国际马术表演会更为其增添节日的氛围。

左 / 格林尼治钟
右上 / 泰晤士河
右中 / 街灯
右下 / 街角一景

NICHOLSON'S
on
COAL
Broadway
£199
BOSS
LS14 CDV
LR57 CZJ

巴士上随拍的街景

# 2 舒适英伦生活的关节点

## 01/ 口音为乐

说起“讲话”，变绿君有很多心得想要与大家分享，毕竟是一个在各种展览上以听音分辨发声者来历为乐的怪趣味玩家。语言的重要性，在此不必多言。无论是跟团、自由行、学术交流、商务活动，总有要用到的一天。

那么，当英语已经被八年应试教育送到“i wanne go big”（我想上大号）的境地，我们该如何在英国自处呢？变绿君在此建议大家做到最重要的一点——礼貌。假设，我们的英语很不标准，甚至不能说出一个完整的句子，你手舞足蹈、费尽心力却还是表达得坑坑洼洼，那么，你最需要的是什么？文曲星？牛津高阶？有道词典？其实，你需要的是听话者的耐心与理解，这前提是你的礼貌。换个思路，为扬我天朝国威，我们也需礼貌待人。那么，何为“地道的”礼貌呢？让我们来看看英国人的日常惯用词吧。

据统计，英国人日常生活中最频繁使用的句子如下有三。

# sorry

排名第一的，出乎所料，居然是“sorry（对不起）”，有很多时候，你会发现，明明是自己不小心，反而能听到对方说“对不起”。这一方面暗示了英国人自嘲的个性，另一方面照见了“肇事者”自己的疏忽与不足。你看，他们多厉害，全然一副谈笑间强撸飞灰烟灭的气场。

# please

排名第二的是“please（请）”，去了英国后就会发现，多数表达提议的话，后面都加了“please”。这个词反映出英国人“understatement（低调陈述）”的语言习惯。

# thanks

第三名，则是“谢谢”了，英国人会把一切形容美好事物的词汇当作谢谢来使用，例如 :cheers、lovely、Merci、danke 等等。事实上，这让对英国文化一知半解的人有点尴尬，因为大多数的“谢谢”都暗含“敬谢不敏”的含义，这是英式思维中“晦涩拒绝”的经典特征。所以一般我们简单地说句“that's alright”或者“pleasure”，即可表示对对方的回应。

街边面包房

英式早餐

## 02/ 点菜——必备技能 get

事实上，变绿君认为“点菜”也是一种鉴定语言水平的方式。因为国外的菜单有着很危险的埋伏，就是“食生”。变绿君本人对于咬开一块带着血丝的肉并不反感，而一帆经历无数伤痕累累的进食现场后，总结出“了解菜单才是硬道理”的滴血真言。

英式食物

先来个模拟对话吧!

首先是找餐厅:“Could you recommend any restaurants for local foods?”(请问可以推荐一些当地的特色餐厅么?)

当我们需要定餐位时:“May I have a table for two?”(我们需要定两个位置。)

接着要开始点菜了:“Can I have the menu, please?”(我可以看一下菜单么?)

万一你点的东西半生不熟时,不要慌,我们有解救办法:“this is may not well cooked for me.”(这份食物似乎没有熟。)

节约传说是中华美德哟:“Can i have the rest food taken away, please?”(麻烦帮我打包剩下的食物。)

左 / 咖啡店外景
右上 / 英国国菜 FISH AND CHIPS
右下 / 咖啡店内部

到了放血的时刻：“Can i have the bill，please？”（您好，买单。）

但是如果服务员访问你：“What kind of dressing would you like？”（当然不是问你穿什么，而是询问你沙拉等食物的酱汁选择。）

如果被问到：“How would you like that cooked？/How would you like that done？”（根据“上下文意”是服务员希望你选择菜的火候。）

但是有了上面这些，你以为就够了吗？千万不能掉以轻心，变绿君有次在高级餐厅进餐，紧盯菜单半个小时，词根联想、词性辨义，各种方法都用上了，就差直接拿出有道词典，最终还是点了一堆不知所云的汤汤水水。所以，友情建议：如果你不是直奔速食店，请先做好功课，一定请做好功课，绝对要先做好功课。

# Tips: 点菜必备词汇

## 常见海鲜

- 烟熏三文鱼 Smoked Salmon
- 炝金枪鱼排 Tuna Fish for Grilled Tuna Steak
- 煎比目鱼 Solefor Pan-fried Whole Sole
- 奶焗龙虾 Lobster for Gratinated Lobster in MornaySauce
- 荷兰汁青口贝 Musselfor Gratinated Mussels Hollandaise Sauce

## 常见肉类

- 烤火鸡 Turkeyfor Roast Stuffed Turkey
- 猪肋骨 Spare Ribs
- 火腿煎蛋 Ham&Bacon for Fried Eggs with Ham
- 烤羊排配奶酪红酒汁 Lamb Chop for Roast Lamb Chop with Cheese and Red Wine Sauce

## 常见吃法

- 烤春鸡卷 SGrilled for Grilled Stuffed Chicken Rolls
- 红烩牛肉 Stewed/Braise for Stewed Beef
- 铁板西冷牛排 Sizzling for Sizzling Sirloin Steak
- 炸鸡排 Pan-fried/Deep-fried for Deep-fried Pork Chop
- 烧烤排骨 Barbecued for Barbecued Spare Ribs

## 常见甜点

- 芒果冰霜 Milk Shake for mango
- 巧克力奶昔 MousChocolate Milk Shake
- 布丁慕斯 Pudding for Vanilla Puddingse
- 水果泡芙 Puff with Fruit

# 3 伦敦生活的装机必备

来到异国他乡，先落脚吧！

Airbnb

文艺小资必备App。相较酒店，公寓式住房会让你觉得自己就是本地人。但享用此软件的前提是你没有社交恐惧症，因为租用别人的家，需要频繁跟房主沟通，还需要像个礼貌的客人，决不能像在酒店一样撒欢。

Booking

老牌的酒店预订App，评分较为全面客观，8分不错，9分舒适。但据说报价比国内许多网站略高。

Couchsurfing

它可以达到省钱的经济目的，还能起到文化交流的效果，是高素质文青必备软件。当然，注册较困难，需要翻个墙。

吃饱肚子再上路。

Yelp

主要发挥中国传统思想“三人成虎，众口铄金”来运行，翻译成大白话，yelp是外国版的“大众点评”。

既然是博物馆之旅，不可或缺的应该就是专业气质的App推荐了。

iMuseum

全称是idaily museum，界面简单，字体适宜；内容清晰靠谱，合作单位信誉度高；图片效果几乎可以拿来当插图；互动区的设计舒适实用。

Dojo

全方位浸泡式伦敦指南！里面有大量的伦敦活动展览餐厅之类的信息，虽然是英文版，但dashboard是满图，不影响阅读，并附有地道英文讲法。

千里之行，始于订票；迷路之时，忙于定位。

Google Maps

这是个被称为境外游“最大功臣”和万能必备的App，隶属谷歌公司，此处省略100万字信誉保障说明。

CityMapper

伦敦当地必用的App。有意思的是它的列车时刻表、公交时刻表等信息很全面，连列车延误等情况都交代得明明白白。

Trainline

英国订火车必备，查时刻表、买打折车票，都在这个App里。注意一点，取票与支付的信用卡需为同一张卡。

意外斩获之人生就是买！买！买！

极简汇率

剁手前汇率软件是一定有存在意义的，它将服务于你生活的方方面面。

Paypal

类似英伦版“支付宝”，在英国这个崇尚老派的国家网购必备。

## Tips: 交通资讯

伦敦是一个多元化的地方，所以也为大家准备了各种各样的交通工具。在伦敦的路上，你可以选择 Cub（出租车）或者 For Hire 的 minicabs；也可以租车自驾，如果你豪到愿意支付高昂的 corgestion charge（塞车税）的话；还可以乘坐传说中的 canal 里的 narrawboat（运河窄船）；如果你善于把握信息，能看懂公车站牌，那么市内公交也是不错的选择，可以顺便参观街景，夜间公交与绿线公交都是夜间和有特殊需求时的最佳选择；nationalexpress（城际快车）和 coach（长程巴士）则可以满足你住在风光极好的郊外又能在市内溜达的需求；或许你还可以选择“欧洲之星”一路摇回我大中华。下面介绍几种适合普罗大众的交通选择。

Oyster Card：“牡蛎卡”传说中的出门必备，它可以应对你所有的大众交通需求，也就是传说中的“一卡通”啦。为了避免排队，此卡提供网上购买，也可以在各种站点或者印度人开的杂货铺购买。

温馨提示：如果在伦敦的一至六区出入频繁，则可以选购一张 all day pass，此票很适合住得较远、除了地铁还需要转乘火车的朋友们。

自行车租赁：在伦敦，随处可见蓝色的自行车，这就是被称为“鲍里斯自行车”的公共租借自行车，这款自行车是以爱好骑自行车的伦敦市长的名字而命名。变绿君作为一个环保主义者，对自行车十分喜爱。如果你有上面提到的“牡蛎卡”，那么天气不错时在公园骑车转悠，这的确是非常不错的选择哟。

地铁：伦敦的地铁可谓风景线啦，它的大都会线是世界上第一条地下铁道，修建于1856年。整个伦敦的地下交通被称为“underground”，昵称是“tube（管道）”。一共有11条线，以市中心为据点，向周围辐射成六个区，以方便计价。变绿君和一帆基本选用地铁代步，其中有一项叫“mind the gap（小心空隙）”的玩意儿吸引了我们，它出现在地铁与站台中间，值得我们惊奇的是我们从来

左 / 英国火车站
右上 / 自行车租赁
右下 / 地铁闸机口

没见过这么大的 gap，反思了很久，觉得北上广我们也是去过的，真的从没见过需要助跑才能跨过的缝隙，甚至开始揣测高冷的大英就是用这些生活细节间接屏蔽掉身形较矮的亚裔之类。

可是后来变绿君查到了一则故事：老版“mind the gap”的语音提示是一位已故的男演员生前录制，他的太太在其离世后非常思念他，几乎每天都到地铁站来听丈夫的声音。直到有一天，新版的语音提示取代了旧版，老太太十分难过，她找到了地铁工作人员希望得到丈夫的录音。伦敦地铁知道后，决定在 embankment 这一站恢复已有 50 年历史的“mind the gap”提示音。

浮想联翩的变绿君觉得这么看来，这道间隙并没有那么讨厌，它似乎见证了很多不为人知的故事。

地铁银行站入口

Please mind the gap

变绿君和一帆的
ALL DAY PASS 车票

CAFÉ ROUGE
E ROUGE
CAFÉ ROUGE
ROUGE

on Bijoux

# Part 2

# 从大英博物馆出发

18 世纪，发现南极大陆的库克船长为她带回一级文物；19 世纪，狄更斯和达尔文在此徘徊，拜伦、济慈和雪莱从来不会为她而吝啬词汇；19 世纪，马克思和列宁曾在这里寻思，甘地、泰戈尔与落难的孙中山，陆续前来拜访；萧伯纳与夏目漱石，以及阿拉伯的劳伦斯亦相继造访；这里就是大英博物馆，或者你可以称其为大不列颠博物馆，它静默地见证人类文明的运转，也成为我们这趟行程的起点。

Beyond
El Dorado

1 说起大英博物馆

## 01/ 何为 GB？

很多人都知道英国是由英格兰、北爱尔兰、威尔士和苏格兰构成，而这里出现的英国，全称就是大不列颠及北爱尔兰联合王国，英文名则是 The United Kingdom of Great Britain and Northern Ireland，英文缩写“GB”。尽管“GB”是个众所周知的概念，但对英国人而言它还是很重要的，例如变绿君的外教就一直在强调这一点，他为自己是个英格兰人而相当自豪。闲话一句，你最好不要在苏格兰人面前称他们为“English”，理由很简单，他们不同意，而你又打不过，看足球的人应该对苏格兰壮汉们有深刻的印象。还有，不要在爱尔兰人面前说同样的话，因为埋汰别人实在不是“地道”的中国人所为，爱尔兰为了脱离英格兰可是组织过十分悲壮的绝食起义，这让当时的领导人铁娘子同志闹心很久。

但是，无论哪个地方的人，对于英国皇室都有着相同的情感。以前的民调显示出“不知道为什么，但就是觉得皇室很重要，他们是我们生活的精神力量”这样的声音。这种“君民情深”在皇家徽章上得以显示，这个徽章同时也是英国国徽。如果你仔细观察，则发现皇室家徽里的狮子与独角兽脚边，很奇特地出现“玫瑰、

上 / 大英博物馆标识
下 / 大英博物馆一楼的大厅

**Tip: 大英博物馆基本信息**

时间：英国国家博物馆全年开放，每天开放时间 10:00AM-5:30PM。
每逢星期四和星期五，英国国家博物馆的开放时间延长至 8:30PM。
博物馆在下列日期闭馆：元旦，12 月 24 日、25 日、26 日。
地址：英国伦敦新牛津大街北面的大罗素广场
交通：乘坐伦敦地铁在 Holborn，Tottenham Court Road，Goodge Street 或 Russell Square 下车
官方网站 :http://www.britishmuseum.org/

左 / 大英博物馆门口
右上、下 / 大英博物馆里的雕塑

三叶草、蓟”三花同枝的图案。事实上构成英国的四大区域，各自有代表性的植物纹章。玫瑰，或称之为蔷薇，代表英格兰，历史上长达 30 年的英国内战就被称为玫瑰战争。苏格兰的代表则是带刺的蓟（thistle），传说北方的诺尔士人夜袭苏格兰，结果有名打赤脚的士兵不小心踩到了蓟刺而惨叫，苏格兰守军得以发现敌情。爱尔兰的代表植物是三叶草，象征着基督教“圣三位一体”的教义。威尔士公国国花则是黄水仙，经常与韭葱一起佩戴，据说在 6 世纪的一场战役中，士兵曾将水仙与韭葱佩戴在头盔上，以区分敌我，现在皇家禁卫军中威尔士军团仍然会在重要的日子里佩戴水仙与韭葱。值得打趣的是，英国的代表植物不是有刺就是有毒，和英国人传说中高冷的性格十分相投。

同时，民调中也有人提出“如果没了我们，英国国旗会不会太难看”的担忧，所以英国的国旗是三合一。苏格兰以前的国旗是蓝底白色交叉，而英格兰则是白底红色十字，北爱尔兰则是白底红色交叉（这也就不难理解，为什么“三明治”这种食物诞生于英国了）。将上诉三面旗叠在一起，才构成了今天的米字旗。可怜的威尔士，由于加入英格兰过早，就没能参与“国旗制造”这样的大事件。

从上文不难看出，这四个地方有着各自的文化特质，而这也就是变绿君想说的，大英博物馆之所以叫大英博物馆，便是从某种角度引领或传达了这四个区域的精神力量。

大英博物馆内部场景

左 / 大英博物馆里的雕塑
右 / 大英博物馆的楼梯

左上 /1977 年的伦敦街景
左下 /1977 年的伦敦
右 /《唐顿庄园》剧照

## 02/ 艺术爱好者协会与威廉 · 汉密尔顿

接下来变绿君要告诉大家一个全中国只有三本书提到过的知识点，有没有觉得很厉害？会不会让你觉得阅读此书物有所值！英国有这样一个组织，英文名是 society of dilettanti，由于国内仅有三本书提及，所以它的中文翻译因此各式各样没有统一，下面由变绿君来列举一下，在《美术学院的历史》和《艺术收藏的历史》两本书中采用了“业余爱好者协会”的译法，而《考古一百五十年》一书选用了“艺术爱好者协会”，还有些网络译法例如“慕雅会”。变绿君在此要做个同质类比，简单来说就是，介绍一下这是个什么玩意儿。变绿君初中时很喜欢收集一个协会的信息，这个协会坐落于美国纽黑文市，别的不多说，就与会成员提一句，

三位美国总统以及N位联邦大法官和大学校长，它就是传说中的骷髅会。而上文提到的艺术爱好者协会，只是把校园场景换成社会场景，如果用一句话来形容这个组织就是“他们拥有一切最好的”，钱钟书先生曾经提到“dilettanti”这个词，直接音译为“都来得的”，一副“全知全能”style。对此，我们不妨拖动进度条来感受一下。

1777年3月2日，伦敦上空灰云翻腾，较之以往的压抑，更显壮阔，市区帕尔马尔街（Pall Mall）的星嘉德酒馆（Star & Garter Tavern）门口，一位盛装的绅士正在佯装镇定地等待着。此时的他正处在人生得意之时，翻看他的履历表难免让人噤声：出任英国驻那不勒斯大使、西西里王国特使，又成为费迪南和卡罗琳娜宫廷的大使，还曾在1772年捐赠其出使意大利期间搜集到的数量庞大的古代艺术品，这些具有8400英镑贡献值的艺术品成为大英博物馆开馆以来数量上最为可观的一笔古物收藏。而此前他也早已因其对古物的收藏和研究，被多个与古物收藏和研究相关的组织或机构，如英国皇家学会（Royal Society）（1766）、古物学会（Society of Antiquaries）（1772）等吸纳为会员。

这位绅士名为威廉·汉密尔顿（Sir William Hamilton）。此时等待他的是一场庄重而又神秘的“入会仪式”，他所应的正是来自艺术爱好者协会（Society Of Dilettanti）秘书克罗尔（John Charles Crowle）先前所发出的邀请。此时房间里面的情形又是怎样呢？当汉密尔顿在门外静候艺术爱好者协会会议时，“拱门大师”（the Arch Master）理查德·汤普逊（Richard Thompson）穿戴一身猩红塔夫绸带缨长袍、绣花肩带、长托莱多（The long Spanish Toledo）以及匈牙利大皮帽。侍者（the Imp）备好两支燃起的蜡烛。如果你看过《英伦魔术师》或者《唐顿庄园》，在此基础上尽情

《唐顿庄园》剧照

想象吧，他们所呈现的一切比起上述影片中的乡绅生活奢华百倍，或者应该说是考究千倍，所有穿搭与室内摆设都十分有理有据充满了猜谜式的暗喻。讲到这里，你会不会觉得变绿君在瞎讲或者写小说？那么变绿君只能把小手放在头上发誓，这是由美术史专家们做过“图像考证”的，详情可见变绿君学弟的毕业论文。话说回来，当汤普逊引导汉密尔顿进入主会议厅时，主事沃特金·威廉·维恩（Sir.Watkin William Wynn）环桌一圈，确认列席者杯中已斟满美酒。仪式马上就要开始了。

当汉密尔顿被引导进主会厅的路上，回廊里静穆昏暗，只有烛光辉耀着墙上悬挂着的肖像，他们分别是萨维奇（Samuel Savage）、哈维（John Howe）、米德尔塞斯（Lord Middlesex，Charles Sackville）、格雷兄弟（Sir James Gray，Bart.K.B.;Sir James Gray，Bart.，K.B.）以及其他故去成员，而这些先逝者已然成为艺术爱好者“serialudo” 精神的守护神。仪式现场，汤普逊举剑三次呼告：“致强大的往昔，面见主事”，威廉·维恩命汤普逊引荐新成员。主事为汉密尔顿干杯致贺。空杯放下时，先前的沉寂由大家的祝酒声所打破，汉密尔顿也饮尽杯中美酒。作为入会仪式的最后一项，汉密尔顿连饮三杯——敬主事、敬社团、敬其推荐人约瑟夫·班克斯（Sir Joseph Banks，P.R.S.）。在宴会继续之前，秘书约翰·查尔斯·克罗尔向汉密尔顿收纳了一笔不菲的入会费用。

听到这里，你会不会疑惑“为什么汉密尔顿已经很有名很厉害，却还要花一大笔钱入一个没有听说过的协会？只是为了结交那些文化圈名人？只要他出名了，其他人自然会来找他玩耍的呀！”而这个问题的答案就这涉及到变绿君花很多篇幅想强调的一点——建立大英博物馆的意义与初衷，这个初衷也是艺术爱好者协会的共同志趣，换言之，较之于变幻莫测的人际关系，对于生命本质与意义的阐明和追求才是汉密尔顿入会的原因。那么，是什么样的“绝对精

神”如此有吸引力呢？下文变绿君就解密一下这个协会成立的过程吧。

艺术爱好者协会成立于1732年，在协会最初的成员中，即使不是贵族子弟也是具有相当社会地位和财富的绅士，正所谓“群贤毕至，少长咸集”，他们自欧洲大陆游历归国之后，除了希望凭借他们在国外的所见所闻甚至所获引起国人的关注，更重要的是希望向国人介绍一种优秀的文化并在本国引领一种风尚或者趣味。这么说，未免太过于正经与平淡，事实上，在变绿君阅读完相关资料后，总结了一下，他们的初衷大概是“在丰富的经验之基础上，提倡一种良好的生活方式”。或者可以用大英博物馆所奉行的精神来表达：“为了全人类艺术和科学水平的提高……”

### 03/ 名叫“大旅行”的旅行有多大？

如果你走进大英博物馆的文化创意商店，随手拿起一本大英介绍书籍，那么有个叫“Grand Tour”的词组必定会出现。“大旅行”（Grand Tour）一词源自法语，有“长期的周游”之义。中国美术史上多翻译为“大旅行”，变绿君还发现有“壮游”的提法。

关于艺术爱好者协会创立的最初想法，很有可能萌生或者酝酿于创立者们在欧洲大陆的大旅行期间，因为他们在归国成立协会之前，大多已在意大利有过会面，甚至进行过不止一次与我们所了解到的协会早期的聚会相似的活动。创立者们的大旅行经历对于该协会的成立肯定有着极其重要的影响，否则，他们也不会将“经历过大旅行”视作入会的重要条件。

对于18世纪的英国来说，“大旅行”这样一项具有传统的活动显得格外流行，一方面是英国正处于汉诺威王朝这样一个相对富足且安定的时代，因而对于文化的关注与追求显得格外突出；另一方面阶层的变动促使贵族、绅士阶层急于在文化上确立一种优越感。而“大旅行”这样一种形式恰好满足当时英国人的需求，于是一时间许多富有阶层纷纷将自己的子弟送上了去往欧洲大陆的旅程，一是作为一种必要的教育形式，培养成为一名合格绅士必备的古典修养和社交礼仪；再是探访大量古代遗迹并且搜藏古代的优秀艺术作品。

但是，对于今天的我们而言，大旅行的不可忽视的作用在于它带回了很多“白色文明”——希腊文明中的文物，供大家观赏。

左 / 大英博物馆大厅的雕塑
右 / 大英博物馆二楼休息区的雕塑

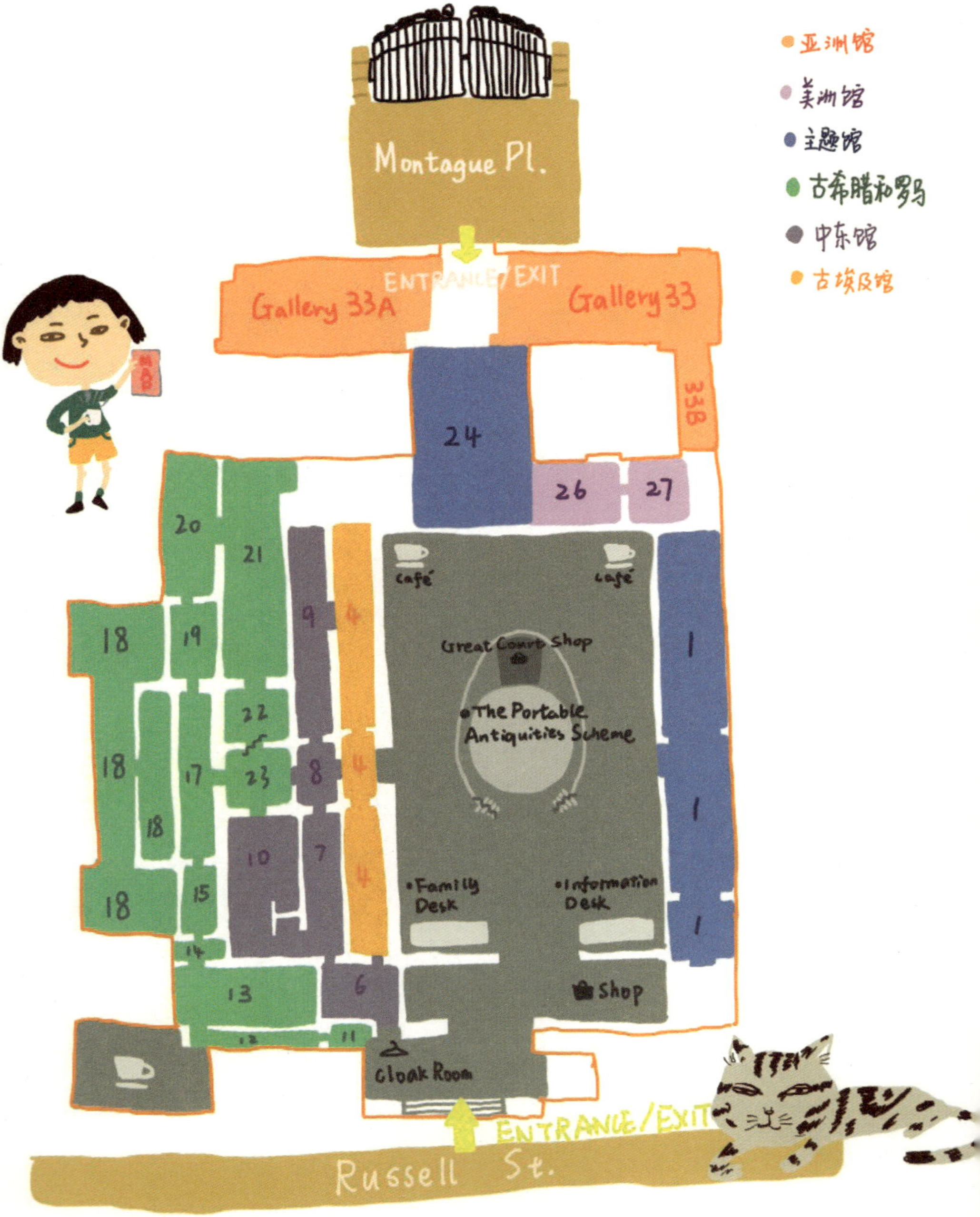
亚洲馆
美洲馆
主题馆
古希腊和罗马
中东馆
古埃及馆
Montague Pl.
ENTRANCE/EXIT
Gallery 33A
Gallery 33
33B
24
26
27
20
21
18
19
9
4
café
café
Great Court Shop
The Portable Antiquities Scheme
1
22
18
17
23
8
4
18
10
7
4
Family Desk
Information Desk
18
15
14
13
6
Shop
12
11
Cloak Room
ENTRANCE/EXIT
Russell St.

## 04/ 馆藏分布与汉斯·斯隆

变绿君已经介绍了自认为十分重要的大英建馆条件，接下来就聊聊大英博物馆是怎样诞生的。这与被称为“创立者”的汉斯·斯隆爵士的遗嘱密切相关。这位斯隆爵士主要身份是一个内科医生，同时还是继牛顿之后的英国皇家学院学会会长。正因为他如此出众，被乔治二世授予男爵头衔。这里先注明一下，男爵大人除了主要社会身份还有个爱好，就是收藏。但是在他辞世之际，他决定把自己所有的宝贝都捐给他荣誉的国王老大哥。国王老大哥拿了这么多东西也不知道往哪放，就让议会颁布了个《大英博物馆法》，顺便发行彩票来搜刮点“米米”，搞出了个大英博物馆，地址在蒙塔古老宅，时间是 1759 年 1 月 15 号。是的，此时此地，大英博物馆诞生了。

就像小孩子长身体需要很多衣服一样，大英博物馆也在不断壮大，藏品

左上 / 大英博物馆的雕塑
左下 / 古希腊和罗马馆内部
右 / 西亚巨型人面公牛带翼石像

大英博物馆鸟瞰图

越来越多，最终导致原来的一栋小楼不敷使用。1802 年，国家宣布给她买新衣服了，各项扩建工程开始竣工。1804 年，乔治・桑德斯主持修建了帕拉迪奥式风格的汤利馆。接着国王乔治四世把他老爸的国王图书馆捐出，就成了现在的大英图书馆。为了解决这些书籍的存放问题，罗伯特・斯莫克和他的弟弟斯德尼修建了“新希腊宫廷风”的四翼大楼。到了 19 世纪，约翰・泰勒设计的白翼大楼被建在了博物馆建筑的北面。1931 年，由杜威恩爵士捐赠的杜威恩展厅在约翰・罗素・波普的构想下开始建立。1980 年，科林・威尔逊设计的新翼馆落成。1994 年，设计了千禧大桥与伦敦市政厅的诺曼・福斯特负责伊丽莎白二世大中庭的建造，这可是全欧洲最大的天顶广场。

如前文所言，当房子建好了，接下来大致就是把东西往里面“塞了”，

左 / 大英博物馆欧洲部的藏品
右上 / 中国部的瓷器
右下 / 埃及部的雕像

说到这里，变绿君刚在希斯罗被接机时，就听到一番对大英的评论，大致是“乱七八糟”“吵吵闹闹”之类的意思。说实话，如果你不先做足功课而是主观感受式地参观大英，确实很难理解，这样一个像仓库的地方何以代表大英帝国。而且，你走进去会发现，切合你对英国想象的视觉图像，比如：英国骨瓷、高级家具、英国银器等，很难见到，倒是希腊罗马甚至埃及的东西大行其道，所以在此变绿君先啰嗦一下大英博物馆的部门分配与藏品管理吧。

最初，据馆内正史记载，博物馆的藏品根据汉斯·斯隆爵士的意见，分为三个类别：印刷类和篆刻类书籍、手稿和徽章，以及自然和手工类藏品。变绿君觉得那位爵士的思路估计非常人能明白，但从另外一个角度，则可以理解为，大英博物馆创建时其文字印刷类的藏品以及徽章这两项收藏非常显著，因为，根据我们的经验，很少有博物馆会将这两项单独拿出来列为一个门类。

1808 年，一个涵盖印刷书籍、绘画，以及非自然类文物的神奇部门脱颖而出，被称为“古物部”。而在 1836 年时，这个部门又被拆分，书籍和绘画成为独立一支，古物部演化成下列部门：钱币与徽章部、希腊和罗马古物部，以及东方古物部。90 年代，则又是一番景象，其中值得注意的是陶瓷和人种学部的成立与其后的变化。事实上，这一变化毫无疑问地反映了大英藏品的变化，即经过大举侵略和殖民掠夺，其陶瓷器与人种类型资料大量增加。到大结局时，也就是我们今天所见到的部门分类，确定于 2003 年，则为：古埃及和苏丹部（原埃及古物部）、中东古物部（原西亚古物部）、史前和欧洲部（原中世纪和现代古物部、原史前和古罗马英国古物部）、亚洲部（原日本古物部和东方古物部）。

首先介绍一下鼎鼎大名的古埃及与苏丹部，这个部

大英博物馆的各种藏品

馆内种类繁多的各色藏品

门无疑是大英从收藏品质到数量都是最为声名远扬的一个。其中最值得关注的是汉斯·斯隆爵士捐赠的重要古物，这批珍宝基本上源于拿破仑同志把仗打到埃及、从埃及收集到的大量的文物，作为镇馆之宝的罗塞塔石碑也在这趟文物的大部队中。其后英国驻开罗总领事亨利·索尔特通过敲乔万尼·贝尔佐尼的竹杠为博物馆赢得了更多历史雕塑。19世纪末，埃及探险协会则不辱其名地从埃及搞到了更具规模的宝贝。总之，该部门财产来之不易。然而，相比亚洲部的非抢即盗（火烧圆明园、鸦片战争、近代走私），该部门的古物算是取之有道了。

中东古物部的重要收藏，则要归功于19世纪的一位考古学家，奥斯丁·亨利·米亚德。他在一次考古活动中，发现了尼姆鲁德、

馆内收藏的埃及壁画

尼尼微和亚述古城，并带回了许多重要文物。更为重要的是，亨利·克瑞斯维克·罗林森成功解读了带回的文物，并因此而开创了“现代亚述学”。李奥纳多·沃利发掘了乌尔古城，相当数量地丰富了苏美尔文物。

接下来是希腊罗马部。西方文化中有个经典句子“言必称希腊”，当然还有更多与罗马相关的谚语。这个被称为西方文明或者说欧洲文明源头的部门藏品，主要就来自于上文提到的“大旅行”。最早的发端，是17—18世纪里英国人的考古与研究活动。后面，藏品扩充的阶段，上文的主角汉密尔顿和查理斯·汤力做出了非比寻常的贡献。这位能跟汉密尔顿相提并论的汤力长期旅居意大利，他在伦敦有幢被称为“罗马别墅”的

古埃及灵物

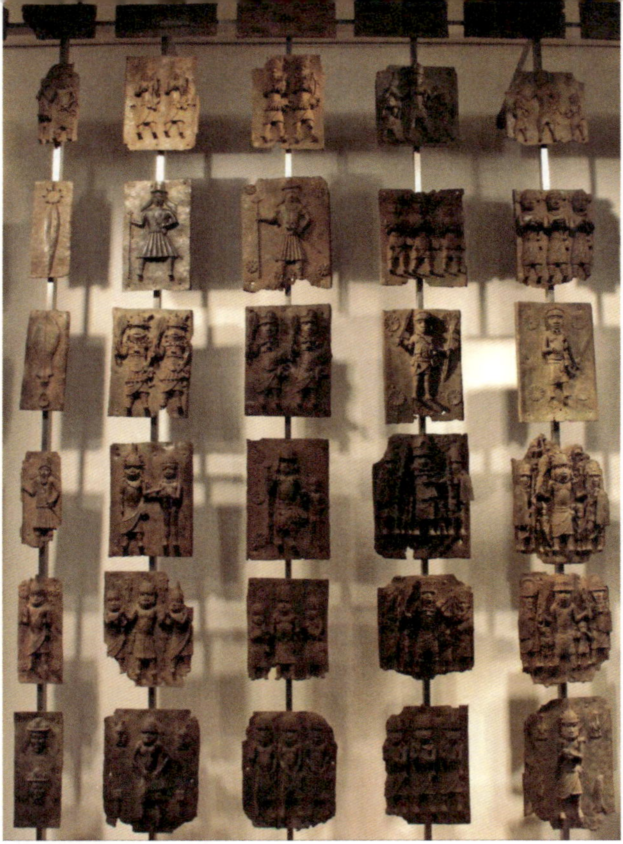

中国的菩萨

亚述王宫浮雕局部

房子，这个别墅也可以称为一间私人博物馆，如果你还记得电影《傲慢与偏见》里面男主的家，那差不多就是变绿君想象中的模样。日本及亚洲部的宝贝们从何而来？在大英官方指南上并未说明，但我猜测来路正当不到哪里去。

到此为止，大英博物馆已有800万件藏品，并且还在持续增加。展出在我们眼前的不到其收藏的百分之一，对，没听错，是百分之一。变绿君有两位曾经供职于大英博物馆的老师，所以，仍然对经过重重门卡、拐过几个弯道，拉开地下仓库门的瞬间充满期待。

## 2 大英博物馆藏品一览

大英博物馆的构造十分简洁，导览设置也很清楚，秉着进馆必先拿 map 的本能，你一看就能明了，大英的每间展厅都标示展出的内容，基本按地理与时间分类。所以在此变绿君不再叨叨如何逛园子，而将仔仔细细地讲一讲大英的实力宝贝。事先声明，下文提到的大量“龙脊背”（盗墓行黑话，指好东西）都在密密麻麻的陈列中，但是为了动员一下大家的积极性，有几件还是幽暗地猫在地下仓库中的哦。

埃及法老拉美西斯二世头像

## 01/ 文明伊始

我们现代的生活被语言彻底地代替了，或者可以说包裹住了，这个被替代与包裹的过程，也事无巨细地被大英博物馆的文物遗存所记录。在普通大众看起来秘不可知的仓库里，宁静沉睡着3000 年前的情书、工作者的勤务表、孩子们上课学习的笔记。作为镇馆之宝的《雅尼的亡灵书》也是不可忽视的重点关注对象。其中的《汉尼夫亡灵书》相当精湛，亡灵书左边展示的是赛特斯一世的书记官汉尼夫被阿努比斯带到天秤前称量心脏的故事。整个过程有月神托特进行监督，右边则讲述了经过证实其灵魂无垢后，汉尼夫被荷

汉尼夫亡灵书

## 诸神琼浆于此汇

上 / 雅尼的亡灵书
中 / 埃及雕塑
下 / 木乃伊

鲁斯带到欧西里斯以及爱西斯的面前。书记官在埃及是平民所能担任的最高官职。该藏品由收藏家佛里斯班士于1887年在尼罗河中游克索西岸的墓室中发现的这幅画，作为陪葬品放在死者亚尼的墓中，全长24公尺，用长达60章的篇幅，描绘死者在来世获得永生所需的咒文和约定事项，是众多以草纸记录的《死者之书》当中保存最好、最出色的，堪称为古埃及美术中至于极致的作品。

这些被记录在纸莎草上的平民生活史料作为“世俗体”，与主流历史写作中十分依赖的“圣书体”相对应，它们珍贵之处在于揭露了埃及金字塔的繁华与宏大之下，普通人的细腻思想，因为做到这一步，我们历史课本上那些永远累弯腰的平民就逐渐站起来了，除了极苦的劳役工作，他们还可以恋爱与学习，他们在拥有国王和信仰同时，也有着自己的生活。在这些古埃及的浩如烟海的史料中，变绿君关注的则还有古埃及的数学问题集，它甚至记录了金字塔建造的相关问题。而解密这些遗

罗塞塔石碑

稿的重要契机就是下面要提到的一件让大英博物馆震惊世界的古物。而亡灵书作为埃及丧葬文化的重点文献，通常记载死者为获永生而必须经历的各种磨难、审判，以及最后获得永生的画卷。

名叫《罗塞塔石碑》的这块花岗岩石板，据考是公元前 196 年的托勒密王朝时期所造。此块石板是由皮耶·夏布在罗塞塔城发现，1802 年由乔治三世捐赠给大英博物馆。板上刻有希腊文、古埃及通俗文字和古埃及象形文字，看到这里，就不难理解为何一块石头片能对开创古埃及研究产生如此大的助力了。因为它开启了通向古埃及的时空隧道，一段由语言文字构成的通道。当时的研究表明，碑上的古希腊文是一封公元前 196 年的诏书，用于彰显年仅 13 岁的老托勒密五世皇族尊严，这段文字被学者迅速破解，并被确认跟另外两段文字意思相同。1822 年，一位年轻的学者商博良成功解读出了碑上全部文字，他发现古埃及的象形文字有着表音与表意的双重作用，大概意思是，这些字母既告诉你怎么念，又告诉你它是什么意思。他还观察到，石碑上被画圈圈的部分，正好对应希腊文中托勒密和克丽奥佩妥这两个名字。写到这里，让我们共同仰望一下那位学者本身的语言才能。变绿君顺便透露一点，在德国大部分中学已经开设希腊语课程，作为必修。

木乃伊陈列

罗塞塔石碑细节

让·弗朗索瓦·商博良，（1790~1832），法国著名历史学家、语言学家、埃及学家，第一位破解古埃及象形文字结构并破译罗塞塔石碑的学者，埃及学创始人，被后人称为“埃及学之父”。

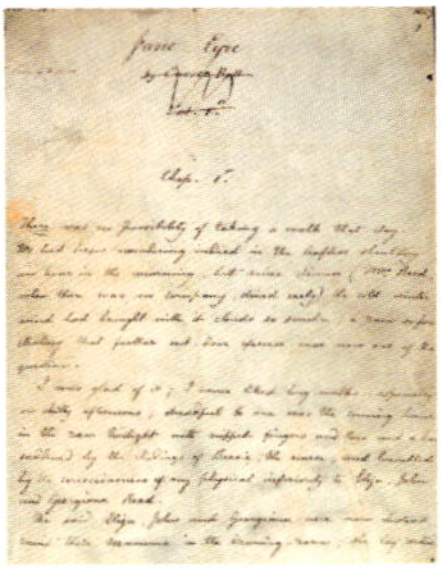

左 / 夏洛蒂 · 勃朗特　右上 / 弗吉尼亚 · 伍尔芙
右下 / 简 · 奥斯汀手稿

除了遥远的文明伊始证物，大英博物馆还有一项镇馆之宝，就是英国女作家夏洛蒂·勃朗特的手稿。变绿君本人真的是爱得不行。那位著名的文学家夏洛蒂·勃朗特一生沉沦在她的几段恋情里，以及她为了理想与当时的“圈儿内人士”舌战笔伐，一幕幕跃然纸上，那个温柔沉静却坚韧丰富的女子的形象历历在目，让你无法忘却。她留学比利时时，是一个倔强的深陷爱情的女子，尽管对方是一位年事已高的教授，却在情书中爱得理所应当，真挚坦诚。她在当家庭教师时，爱上了有妇之夫的雇主，这也是小说《简·爱》的原型。她还在一些报纸上与同行相向操戈，语言讽刺而多变。

说起英国的女作家，《傲慢与偏见》的作家简·奥斯汀被誉为是莎士比

哈利波特主题公园

亚之后英国影响力最大的作家。紧随其后，英国的女作家迎来创作的黄金时代。勃朗特三姐妹、伊丽莎白·盖斯凯尔、乔治·艾略特等等，这股肇始于19世纪的女性写作风潮蔓延至20世纪，弗吉尼亚·伍尔芙成为女性主义先锋，阿加莎·克里斯蒂的侦探小说让人神往，J·K·罗琳的《哈利波特》更是不容忽视。造就这一盛况的，无疑有英国女性的独立意识、当时女王的态度，但还有一点值得一提，是一个原名为“柑橘文学奖”的女性小说奖的创设，3万英镑的奖金很诱人，扎迪·史密斯的《论美》、安德烈亚·利韦的《小岛》都获过此奖。

其实，本专题之所以称为“文明伊始”，不单单是以文字作为文明发生的临界点，而是想传达“人类文明”的早期，虽然没有早到史前或者远古，但是仍然存在一种单纯稚拙的状态，文明的创造演绎者们都怀抱着谜一样真挚的情怀。而其中最响亮的例子就是大英博物馆最最最出名的收藏——80多具木乃伊们。但是由于这些木乃伊实在太过出名，变绿君在此不作多言，希望大家能探索、体味那种澄净的信仰之美。

### 02/“高贵的单纯，静穆的伟大”

此话出自有“艺术史之父”之称的德国艺术史家温克尔曼（Winckelmann，1717~1768）之口。他对古希腊罗马艺术风格推崇备至，对当时流行的洛可可等艺术风格中的浮华和浪漫风流瞧不上眼。他爱慕古典艺术的宁静、内敛的韵味。在《古代美术史》(The History of Art in Antiquity，1764) 中，他将古希腊罗马艺术风格概论为“高贵的单纯，静穆的伟大”，人们一听，觉得概括得太好太传神啦，这句话就这么火了，简直成了古希腊罗马艺术的著名标签。

温克尔曼肖像

大英博物馆正好收藏了古希腊艺术的杰出代表——帕特农神庙的埃尔金大理石像（Elgin Marbles）。大理石像得名于埃尔金勋爵（Tomas Bruce，1766~1841），

上 / 埃尔金大理石雕像
下 / 帕特神农庙雕像之一

他是英国驻奥斯曼土耳其帝国的大使，1801 年，他自称得到了奥斯曼皇帝的允许，来到帝国附属国希腊，哐当哐当地就把帕特农神庙上的浮雕凿了，一块块运回了自家，共带走了 19 块浮雕、15 块墙面、56 块中楣、一个女像柱、13 个大理石雕头部雕像以及其他碎件。1816 年，这批石雕被大英博物馆收购。帕特农神庙历经战火风霜，现只剩支离残缺的几根石柱和建筑骨架，吸引着世界各地的人来到这里观仰，而最美的部分早已不在本土。多年来，希腊政府与英国周旋，希望英国归还殖民时期运走的艺术精品，但这些艺术珍品如此珍贵，英国怎么会答应呢！

下面就让我们仔细观瞧这批炙手可热的石雕长什么模样吧。

这些石雕原位于帕特农神庙的建筑外墙上，有神灵肖像和雅典娜节游行的队伍场面。雅典娜是雅典城邦的守护神，传说她与海神波塞冬争夺雅典守护神的位置，波塞冬为雅典人民送去神马，雅典娜则送去橄榄枝，结果女神的礼物更受雅典人喜爱，她胜出了，此后雅典城邦举办奥林匹克运动会时还将橄榄油作为胜利者的礼物，那些精美绝伦的盛油瓶也成为古希腊艺术的杰出成就。帕特农神庙建于雅典鼎盛期、伯利克的里执政之时，由建筑师伊克提诺斯（Iktinos）设计，雕塑家菲迪亚斯（Phidias）负责雕像。菲迪亚斯在帕特农最富盛名的雕像是《命运三女神》（the

帕特农神庙的石柱

fates）：三女神倚在神庙东面的人字形山墙上，姿态舒展自如，适应了山墙三角形的特殊空间。三女神是克洛托、拉克西斯和阿特罗波斯，她们用纺线决定人的命运，纺线的长度预示了生命的长度，就连宙斯的命运也由她们掌控，来不得半点特殊化，可见命运女神是多么严酷无情！然而帕特农神庙上的命运女神却不是通常所见的瘦削刻薄的纺线老太婆形象，她们是年轻迷人的女子，有着丰腴的身躯，轻柔的衣裳，她们相互倚靠，似有耳语，像是慵懒地靠在沙发上看电视。这组雕像的一大亮点是对衣纹的处理，天才的雕塑家用大理石雕刻出希腊长袍轻薄的质感，用衣纹暗示出躯体运动的方向，这逼真的处理使之成为古典盛期的代表之作。

埃尔金大理石像还包括其他精彩部分，在帕特农神庙西侧内墙与东侧内墙的交界处雕刻着泛雅典娜节上的骑士。古希腊雕像细腻、写实的程度令人赞叹，骑士的人体比例符合对理想美的要求，而马匹的骨骼、肌肉、背上的棕毛都被

命运三女神

细致地雕刻出来，上扬的马蹄、后仰的马头、张开的马嘴，生动地再现了马被勒紧缰绳的一瞬间。最初大理石表面有金属质地的缰绳与饰条，而今只留下用于固定金属的圆洞。画面中首位骑士回头示意身后的队伍停下，第二位骑士立马紧勒缰绳，马儿纵身跃起，这幅景象成为东西两面墙的过渡画面。看那个赤身裸体的健美骑士，他投射出古希腊人对身体的爱与赞颂。在古希腊，男子的赤裸健硕的身体是健康与美的体现，是神的恩赐和形象的投射。当时的奥林匹克运动会，比赛场地不允许妇女进入，成年男子们光着身子甩开膀子在这里展开速度与力的角逐，尽情享受运动

埃尔金大理石雕马头

骑士

泛雅典娜节上的骑士

的天然乐趣。由此，如今我们觉得有伤风化的裸体塑像在当时人的眼里却是十分自然的美的象征。

说起古希腊雕塑，大家可能都被它纯白的色彩所打动，觉得这太浪漫高贵了，符合人们对纯洁之美的所有期待。然而事出有因，古希腊建筑和雕塑并非一直纯白，白色也并非天然给人纯洁高贵的感受。现代研究发现，古希腊的雕塑是有颜色的！不仅有颜色，经过技术还原后发现它们其实色彩极绚烂丰富。那么或许白色的典雅素丽只是我们对古希腊样貌的想象，没准他们的生活充满了鲜亮的颜色，荡漾着活跃与欢快的气息也说不定呢！白色被塑造为经典色开始流行，还多亏了英国的维多利亚女王，她钟情于白色，甚至在婚礼上一反常规以白色婚纱出场。为了迎合女王的喜好，埃尔金等贵

帕特农神庙

左上 / 雕塑马
左下 / 希腊的陶瓶
右 / 伊瑞克提翁神殿的少女像柱，以柔美承重的典范，原作共有 6 尊，1 尊在此，其余 5 尊在卫城博物馆

族在希腊发掘大理石雕像时刻意将残存的一点点颜色去掉。女王大人的品位与优美的古希腊文明多么贴合。于是，古希腊建筑和雕像的白色闻名于世。

世界七大奇迹中的两大奇迹——希腊城邦哈利卡纳苏斯的摩索拉斯陵墓（the Tumb of Mausolus）和以弗所的狄安娜神庙（Temple of Diana）都在大英博物馆。除此之外，还收藏了大量古希腊时期铸造的精美青铜像、古风时期古拙的石雕、外形优雅的彩绘陶瓶、做工精美的金器、历史悠久的黏土板文书等等。因为古希腊时期的画作至今尚未发现留存实物，所以想了解当时绘画的面貌就不得不依赖这些黑像和红像陶瓶了。黑像陶瓶的人像是黑的，底色为红；红像陶瓶相反，人像为红色，底色是黑的。这种陶瓶上不仅绘有希腊神话

古希腊双耳罐

双耳罐细节

波特兰花瓶

里的各路神仙，有些还画了当时人们的战争和生活场景，我们得以了解当时人的穿着样式——女子多着长袍、男子时常裸露身体。这些绘画细致、优美，刻画出的人物骨骼、形象皆有写实性。硬实的刻线、饱和的色彩、精美的图案、鲜活的故事，无一不在向人诉说古希腊绘画艺术的杰出成就。

古罗马紧随古希腊成为世界文明史上辉煌浓重的一笔，罗马帝国成为世界古代文明的第二个中心，拥有横跨欧亚非的广阔版图，很大程度上得益于它积极学习其他文明的谦虚心态。在文化艺术上，它从古希腊艺术中取其所需，将很多古希腊的青铜雕塑复制成石膏像，并延续古希腊的写实风格进行人像雕刻，创作了大量极具写实主义特色的严谨的雕像作品。古代罗马人重视荣誉，盛行将家族内受人尊敬的祖先的遗容翻模制成雕像，摆放在家中供人瞻仰，或在家族成员举办葬礼时，由家族成员佩戴祖先面具和身前所获勋章进行仪式表演。古罗马肖像雕塑的制作工艺和艺术成就可谓娴熟和高超。在大英博物馆，你能看到古罗马历代皇帝的英容——鼎鼎大名的凯撒大帝，帝国开国君主奥古斯都，五贤帝之一的图拉真和以同性恋著称的贤帝哈德良等等。

顺便一提古罗马部分不可错过的珍宝——波特兰花瓶（Portland Vase）。它是产于1世纪的宝石玻璃制品，在深蓝色玻璃底上饰有白色的精美图案。这具有大理石浮雕质感的图案是什么内容，众说不一，比较流行的说法有希腊神话版：一面是海神忒休斯、神使赫尔墨斯和美神维纳斯，另一面是王子帕琉斯和海神的母亲和父亲；另外一种是罗马版：一面是屋大维、屋大维的妹妹和维纳斯，另一面是屋大维、埃及艳后吕克巴特拉和情人安东尼。这个花瓶制作工艺特殊，先吹制出3毫米厚的内胎，将尚未冷却的深蓝色玻璃内胎放入熔融的白色玻璃液中，形成不透明的白色外表，待其冷却，再雕刻出图案，除去多余白色部分，露出深蓝的底色。这种高度严密精巧的工艺技法早已失传，随着罗马皇帝尼禄于公元68年的自杀，罗马的宝石玻璃制品在历史中逐渐消失踪迹，这只仅存于世的罗马宝石玻璃瓶1783年被英国驻拿波里大使威廉·汉密尔顿购买带到英国，转卖给波特兰公爵夫人，波特兰花瓶因此得名，多年后，大英博物馆从公爵的继承者手中购买。18世纪，对这种罗马艺术品的仿制蔚然成风，英国著名的瓷器生产商人韦奇伍德自己研究仿制了一个，在当时引起大量关注。就连这个仿品也价值连城，现藏于英国维多利亚与阿尔伯特博物馆，有心的朋友们可以将这两个馆中的波特兰花瓶作细细比较，变绿君在此就不多言。

莱利的维纳斯，1~2 世纪左右罗马对古希腊雕塑的复制品。

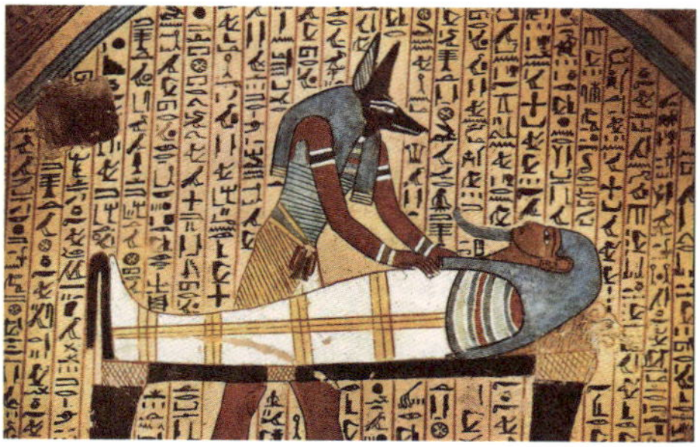

贝斯特女神的壁画和雕塑

## 03 / Dogs or cats ?

“dogs or cats ？”这是在西方生活中经常被提到的问题，它的提出背景如下：相亲、变态 HR 面试现场、各种“talk show”等等，总之，你要了解一个人的基本脾性，就可以问对方这个问题。在天朝，据变绿君考证似乎受国人尤其是个年龄层番剧追踪者影响，或者各种迷妹之流，都喜欢讨论这个问题，具体提法为“猫系还是犬系”？

那么关于这个问题的答案呢？著名的神夏扮演者本尼（Benedict

Cumberbatch）说自己“Definitely dogs”。并且附赠了他对于狗的大量意见，例如喜欢一种杂交犬，不喜欢牧羊犬云云。而抖森（Tom Hiddleston）和小本（Ben Whishaw）则是猫系支持者。值得一提还有，本书插画的承包者一帆是绝对的被猫星人绑架系。不知道看到这里的你是哪一阵营，还是与变绿君一样，觉得与其去喜欢其中一方，不如研究一下如何搞定它们以维护宇宙和平。具体而言，本科的时候由于就读艺术学院比较自由，很多人在宿舍养猫猫狗狗，但是都不能解决“乱跑”问题，而这时就轮到变绿君隆重登场，变身抓猫捕狗小能手。

好了，闲话至此，变绿君只是在中规中矩的美术史学习训练中发现“艺术史无处不在”。这一真谛，从你每天的吃穿到住行，无处不在。那么在参观博物馆时，与其先翻找资料背记大量知识，不如开拓自己的感官，供养自己的一种灵敏度。例如，留心一下古人是怎么画“猫与狗”的，其实，如果你能感受到古时候动物的奇怪造型与现在的区别，你离美术史的真相就不远了，因为整个美术史（尤指西方美术史）在18世纪之前都在做一件事——求真，就是如何

左 / 贝斯特女神
右 / 猫乃伊

将对象表达得与眼睛看到的一样。为此，从埃及开始，你可以看到一批一批创作者的孜孜不倦。下面具体来看看大英的重要藏品《化身猫的贝斯特女神》(the ‘grayer-anderson’ cat) 是怎么来讲述这个问题的吧。

在古埃及，猫生活在潮湿之地，人们为了皮毛而捕杀它们。到了古王国时期，猫开始被驯养；在中王朝时期，猫的形象出现在墓穴绘画里，一些女性开始取与“猫”相关的名字。在家中，猫的地位变得很特殊，或许因为它们生性独立而高贵，它们可以出现在主人的座椅下，大家经常可以看到童话书上“老奶奶的摇摇椅与猫”的画面，做“图像志”考证或许就可以追溯到古埃及。传说它们还可以帮助打猎，虽然在现代人们的意识中，这是狗的工作。随着猫与人类的关系逐渐亲密，它们很快转变为一种带有宗教意义的形象，例如贝斯特女神的象征。

后王朝时期，古埃及迁都到尼罗河三角洲的布巴斯提斯，对贝斯特女神的崇拜在这一时期变得强烈，她被表述为一位头部为母猫形象的女性，更为常见的是化身为母猫的形象。为了表达对她的尊敬，很多猫被制成木乃伊葬入其主人的坟墓，大英博物馆里就有几只这样的升天“猫乃伊”。而大英馆藏的埃及猫青铜雕像，十分精美而神秘，黄金饰物使它更显高贵与神性。深邃的双眼被推断为玻璃填充，现已丢失。此外，我们还能看到这尊猫神的胸前刻有银色荷鲁斯之眼，这是它的护身符。

了解西方的猫起源，东方大陆的情况也不妨知晓一下，世界上最早对猫类的记载及文献是中国西周时代的《诗经 · 大雅 · 韩奕》，其中写到 :“有熊有罴，有猫有虎。”诗句中将猫与熊、虎等并列在一起，所指不可能是家猫。战国时《庄子 · 秋水》中提到“骐骥骅骝，一日而驰千里，捕鼠不如狸狌”。狸狌在古代中国多指野猫，但若把猫和良驹对比，则可能是家猫。直到西汉初，据《礼记 · 郊特牲》中才真正明确指出 :“古之君子，使之必报之，迎猫，为其食田鼠也。”已肯定猫为家畜，被驯化了。在中国传说中，有“猫有九条命”的说法，为了沾沾猫的这点“寿福”，明嘉靖皇帝渐渐对猫情有独钟。他在自己居住的西苑永寿宫中饲有两只漂亮的猫。一只毛卷曲呈淡青色、双眉洁白如玉，世宗称之为“雪眉”；另一只颈部毛长、头大而耳短、两眼圆睁、不怒而威，形如狮子，世宗称之为“狮猫”。大英博物馆里东方艺术作品中也有许多猫的形象，如果感兴趣请自己找找吧。

了解世界各地的猫始祖之后，你会不会想起《爱丽丝漫游仙境》第六章里那只趴在公爵夫人家厨房的壁炉上咧嘴大笑的猫君呢？那只猫的原型其实是一种英国短毛猫，又称柴郡猫（cheshire cat）。这种英国短毛是一个非常古老的品种，2000 多年前，罗马人大举入侵英格兰，除了带去文明与战争，还带去了前文提到过的埃及家猫——传说，猫拯救了差点被鼠疫吞噬的罗马，观察英国历史，鼠疫这个词也会频繁出现。战争结束，罗马人走了，但是埃及家猫留了下来，它们与当地的欧洲“土著”猫结合，经过几个世纪，最终变成了以绵密短毛更好适应英国气候的英国短毛猫。1871 年，水晶宫世博会上，这种猫也登台亮相，并得到了它正式的名字“英国短毛”。之后，猫展也成为水晶宫世博会的例行项目。1901 年，世界上第一家“英国短毛猫俱乐部”成立，接着，各种毛色的品种越来越丰富，其中一款蓝灰色（不列颠蓝，British blue）的猫为大家所详知。

再来看看狗狗们，隶属于古埃及馆的《刻有狩猎场景的调色板》，约为公元前 3100 年的产物。这是一块用来研磨化妆品的调色盘，用软泥板制成，通常在宗教场合使用。细看其狩猎场景，19 名执杖和其他武器待命的猎人助手朝向中间的一个任务，从中间人的繁复头饰就能看出其首领地位，在调色板的右下方有一只弓背奔跑状的猎狗似乎对面前的猎物纵身一跳、跃跃欲试。

约公元前 645 年的作品《亚述巴尼拔猎狮》（lion-hunt of Ashurbanipal），是一件新亚述时期的雪花石膏浮雕。这件作品被视为新亚述艺术的巅峰之作，因为其将庆祝的需要、细节的描绘和空间概念的运用都巧妙地融于一体。主角亚述纳西拔二世是位卓越的战争指挥家，同时还是战场上的幸运神，战无不胜。事实上有个细节值得注意，这次捕猎不是发生在野外，而是将雄狮从笼子里放出来再进行猎杀，颇有点像我国清朝之际的秋季围捕活动，但对当时的亚述王朝而言，这象征着国王已经征服自然，

狩猎不是必然，而是一种仪式与权威的表达。那么，这里面的狗狗，明显受到了亚述王的精神感染，在它们前面的马匹都显得犹豫，而它们掬背踮脚，腿部肌肉紧实分明，这也充分表达了当时人犬关系的和谐与互通。

讨论了大英博物馆里的汪星人之后，我们也来看一下英国犬类的特色品种，在很长时间里，英国绅士们对犬类的族谱都如数家珍，这不仅展现了他们的海量知识，也隐晦地表达了他们对女王的忠诚。伊丽莎白二世从不吝啬在各种场合中表达自己对狗狗的喜爱，她自 18 岁起一共养了 30 只狗，据说她最喜欢的休闲方式就是和狗狗们散步，并且把自己的皇冠戴在狗狗头上。在各种与女王相关的影片和宣传上，女王大人的蒙蒂、冬青、杨柳都会出现。这些女王的狗狗头像还出现在了英国的皇室纪念币上。那么这种深受女王“宠幸”的狗是何方神圣呢？它们其实是一种名为柯基犬的品种。

柯基犬分为卡迪根威尔士柯基犬和彭布罗克威尔士柯基犬，它们体型娇小，性格稳健，智商还很高，据记载，早在公元 900 年左右，彭布鲁克威尔士柯基犬就已经生活在英国了，很长时间都为王室钟爱。据说，如果你想激怒女王，只要踩一脚她的狗就可以了。虽然柯基犬备受王室喜爱，在 2014 年的调查中，登记数目却不足 300 条，因而被列为英国“脆弱品种”。

Room
40
The Sir Paul and Lady Ruddock
Gallery of medieval Europe
Europe
1050–1500
In medieval Europe, monarchy and the Church were the two most important institutions. Throughout the period they competed for political supremacy. Society was based on a feudal system, where the majority of people were peasants working the land for their lord. However, the rapid growth of towns and an influential merchant class stimulated prosperity and changed traditional social structures.
You are here

大英博物馆中央大厅

### 04/ 异域典藏

在之前的馆藏介绍中我们已了解到大英博物馆收藏了很多异域珍宝，除了古埃及和古希腊的艺术珍宝，还有很多亚洲的文物珍品，包括来自中国、日本、印度及其他东南亚国家文物 10 多万件，其中中国历代文物就占 23000 件，历代青铜器、竹简、刻本、丝绸、陶瓷品、漆器、书画、各种金玉制品等稀世珍宝荟集于此，长期展出的就有约 3000 件。据研究表明，中国流失海外的绘画，美国占最多，纽约大都会博物馆有近 500 件，华盛顿弗利尔博物馆有 1200 多件，但要数英国最精。

东晋顾恺之《女史箴图》局部

在大英博物馆10个用来安放中国文物的藏室中，有一个名为“斯坦因密室”的藏室，里面存放了谈及中国古画绕不过去的东晋画家顾恺之的名作《女史箴图》。因其脆弱怕光，这幅古画每年最多只能展出8周，其余时间都放在储藏室里保养。据学者考证，这幅古画并非原作，而是唐代时的摹本，另一幅稍稍逊色的宋代摹品被保存在故宫博物院。英法联军侵华前，此画藏于清宫中，是乾隆皇帝的珍爱之作，他在画卷卷尾亲手写上题跋、绘上兰花，并在这幅3.48米长的画卷上盖了37枚收藏章！1860年，这幅中国

左 / 范宽《携琴访友图》
右 / 苏轼《墨竹图》

现存最早的帛画，被劫掠到英国，1903 年又以 25 英镑的价格辗转流落到大英博物馆。此画现存 9 段，内容根据西晋张华的《女史箴》一文而绘，《女史箴》原文有 12 节，是讽谏贾后肆意干涉朝政、荒淫无度的箴文。“女史”是跟随皇后身边记载她的言行并制定宫女应遵守的制度的女官，“箴”是劝告的意思。顾恺之的人物画强调“传神”，画面中的女子衣带飘逸，线条一气呵成，开后世“白描”之风。每节画面旁题张华原文作为解说，第四节画女子照镜梳妆的场景，右侧题写告诫之言——“人咸知修其容，莫知饰其性；性之不饰，或衍礼正；斧之藻之，克念作圣”。除此之外，大英博物馆还收藏了一些重要的古代画作，如唐代李思训的《青绿山水图》、五代巨然的《茂陵叠嶂图》、宋朝范宽的《携琴访友图》、苏轼的《墨竹图》、南宋马远的《山水再游图》、明代文徵明《仿李成寒林图》等等。李思训、李昭道父子是唐代青绿山水的代表人物，青绿山水又名“金碧山水”，是以石青、石绿为主色的一种山水画法，有大青绿和小青绿之分，大青绿着色浓重、金碧辉映，小青绿设色淡雅、温蕴俊秀。青绿山水和同时期兴起的水墨山水都为五代和北宋时期山水画的兴起奠定了基础，而李思训也被明代董其昌推举为“北宗之祖”。这幅《青绿山水图》展现了李思训山水画法的精髓，在此，可尽情感受中国古代山水画的魅力。

除了古画之外，大英博物馆展出的中国古代文物还有商青铜双羊连体尊、西周康侯青铜簋、汉玉雕驭龙、唐黄玉坐犬、元青花鱼藻纹大盘、明漆雕盘等等。敦煌 2/3 的经卷、大量的壁画、佛教造像原作也存于大英博物馆。这些敦煌文物是当年考古学家斯坦因带回的， 1907 年，他用 4 锭马蹄银（约 200 两银子）从敦煌莫高窟看管人王道士手中换走了 24 箱古写本和 5 箱经过包扎的古画、丝绣等艺术品。1914 年，斯坦因第二次来到敦煌，又带走 570 件写本、绘画等文物。王道士意外发现敦煌藏经洞是在 1900 年 5 月 25 日，他在处理了 16 窟甬道积沙后发现墙壁上有缝隙，敲击有回声，于是找了几个帮手将墙壁推开，只见满室经卷、文书、佛画、法器……始于晋代，直到宋末，历经 7 个世纪的佛教经书、儒家典籍、文学著作、科技类书、琴谱、棋经……多少湮没在历史中的珍贵文字得以重见天日，但这些宝藏在斯坦因之后还陆续被法国人伯希和、俄国人鄂登堡、美国人华尔纳等劫走，所剩无几。总数 4 万多件的敦煌藏经洞书卷，大英博物馆就拥有 1.3 万卷。

上 / 敦煌壁画
下 / 敦煌的佛像

葛饰北斋《富岳三十六景》之《神奈川冲浪里》

大英博物馆的日本藏品也是名目繁多，春宫画、佛教艺术等经典美术品在大英博物馆均有陈列，在此就介绍一件大家比较熟悉的日本画家的作品吧——葛饰北斋（Katsushika Hokusai，1760~1849）的《富岳百景》。先来说说相比大家都见过的出自葛饰北斋之手的《富岳三十六景》，这是日本浮世绘流传世界的代表，作为三十六景之一的《神奈川冲浪里》更是神来之作，刻画出富士山动感的一面——水波高卷入空，船只隐没在浪花中，远处的富士山白雪皑皑，和浪花融为一景。晚年，他创作了单色木刻版画《富岳百景》，反复描绘象征日本的美丽富士山，只是画面处理得更为凝练，仅用黑白单色也能渲染出富士山的温柔宁静。静静伫立的富士山，在云

《富岳百景》

上 / 韩国佛像
下 / 日本绘画

气和飞鸟中随季节而变化，这是富士山美景的写照，也是画家精神世界的流露。

在各大文化传统中，宗教都是艺术的催化剂，欧洲的基督教使得大量宗教题材的绘画和雕塑出现，精美绝伦的教堂是人类献给上帝的礼物，在亚洲，人们对佛教的信奉使得大量佛教造像、绘画、建筑精品得以产生，在不同地域、不同时代产生不同风格的艺术瑰宝，印度、中国、日本、韩国等国的佛教艺术有不同的风格。

大英博物馆藏的《纳塔罗阇湿婆青铜圣像》产生于印度朱罗时代（约 1100

左上 / 印度佛像细节
左下 / 纳塔罗阇湿婆青铜圣像
右 / 印度佛像

年)。湿婆是印度教毁灭之神，兼具生殖与毁灭、创造与破坏的双重能力，他有多种变相，额头上长有第三只眼，传说爱神迦摩在湿婆苦修时打扰，湿婆发怒，第三只眼喷射神火将爱神烧得形体不复，因而说爱是无形的。湿婆同时也是印度舞蹈的始祖，被尊为“舞神”，他身体缠绕一条眼镜蛇，右手持鼓代表创造，左手持火代表毁灭，跳舞时环绕周身的火环代表宇宙生命的轮回，脚踩无知的侏儒，寓意着将人类灵魂从幻想中解救出来。

以上所述，只是大英博物馆海量异域珍宝中的冰山一角，变绿君在此不过是抛砖引玉，以吸引观者们注意大英博物馆的博杂与丰富。大英博物馆曾与BBC 联手，推出过一档节目《一百件藏品中的世界史》，后来还结集成书出版发行，可见大英博物馆馆藏实力之丰厚。还有一个值得爆料的，《女史箴图》是我国原上海博物馆的修复员邱锦仙主持修复，因大英博物馆缺乏具有高超技艺的中国古画修复师，受到大英博物馆邀请的邱锦仙离开家人来到伦敦工作，在邱锦仙的妙手修复下，《女使箴图》重放光芒。2011 年，邱锦仙已达退休年龄，但大英博物馆藏室里还有千千万万的中国古画等待着修复，在大英博物馆的挽留下，邱锦仙提出每周工作三天的折中法。邱锦仙的丈夫退休后来到伦敦生活，他们经常在伦敦的旧货市场和古董店里淘货，既收藏古银器，也帮助收集流失海外的中国文物。

下 / 江户时代的和服

青花盘

## 05/ 入窑一色 出窑万彩

清粉彩瓷

中国以 China 为英文名，可想而知中国曾烧制过多么精美绝伦的瓷器，使世界各国为之动容！无论是皇帝把玩的宫廷御用瓷，还是民间烧造的日用瓷，其精致独特者比比皆是。然而 100 多年前的战火和动乱，使得大量文物流离失所，被西方列强劫掠，被文物贩子走私，大量的珍贵瓷器辗转流落到世界各大博物馆，远离了原本的文化故土。大英博物馆以其丰富而珍贵的陶瓷品收藏成为中国陶瓷收藏中的佼佼者。元代青花、永

乐甜白、成化斗彩、雍正粉彩……各个阶段的陶瓷珍品在这里都有展现。领略中国陶瓷最美风采，这在里不可错过！这个章节，我们不求通过大英博物馆的藏品完全把握中国陶瓷史，但求不要错过其中最精彩的部分！

陶在原始社会时期就被大量使用，仰韶文化的彩陶、龙山文化的黑陶，皆是新石器时代的陶器代表。上釉的陶器最早出现在汉代，称“汉绿釉”，釉的防水性为生活带来极大便利，逐渐被广泛使用。陶器不是中国的独创，但瓷器确是中国的发明。与陶相比，瓷有多重优势，不仅强度高，而且防水、透光，所以在瓷器出现后，陶器迅速淡出人们的生活。商代时已有原始青瓷，但真正意义上的瓷器的出现是在东汉，东汉时的瓷器因含铁，呈现黄绿色。陶与瓷在制作上有不同，制造陶器用黏土，制造瓷器用瓷土；烧制瓷器要求温度在1200℃以上，而烧制陶瓷温度一般不超过1000℃，唐三彩是陶器中的特例，它的烧制温度需达到1100℃。

## 九秋风露越窑开<br>夺得千峰翠色来

上一 / 成化斗彩
上二 / 元青花
上三 / 永乐甜白
下 / 雍正粉彩天球盘

唐代是中国瓷器发展的高峰期，分有“南青北白”两大制瓷系统，“南青”指南方越窑烧造的青瓷，“北白”指北方邢窑烧造的白瓷，它们代表了南北不同的审美取向，并驾齐驱成为唐代瓷器的两大高峰。唐三彩是唐代著名的一种低温釉陶器，因其绚丽的色彩、生动写实的造型而为世人熟知，但很多人不知道的是它其实是一种明器，作为中国历史上第二个盛行厚葬的朝代，唐代大量使用这种彩陶为死者殉葬。“三彩”并不特指哪三种颜色，而是多彩的意思，大英博物馆藏的唐三彩中有一组出土于唐代官员刘廷荀墓穴的唐三彩，包含有两只巨兽、两位守护神和一文一武两名官员（武馆身穿绿衣，帽上有一只猛兽）。它们高度约 1 米，头部留白，身施彩釉，形态异常生动。

如果注意展品的来源，你会发现其中不少精美瓷器都来自大维德基金会的收藏。这位名为玻西瓦尔·大维德（Sir Percival David，1892~1964）的人是海外中国瓷器的重要藏家，共收藏了 1671 件中国陶瓷，包括成化斗彩鸡缸杯、宣德青花缠枝盖罐、雍正款梅花题诗碗等历代官窑中的精品。因为 20 世纪二三十年代与故宫往来密切，他的收藏品味不同于同时期的西方藏家，而带有“皇家品位”。大维德阅读过大量中国古代文献，并翻译了明代曹昭的《格古要论》，对中国文物做过深入研究。

唐刘廷荀墓穴唐三彩

1935 年时他发起并组织的伦敦国际中国艺术展，聚集了当时大部分散落海外的中国文物珍品，第一次全面地向世界展示了中国艺术。二战期间的动乱局势促使他决定建立一所博物馆，这就是“大维德中国艺术基金会（Percival David Foundation of Chinese Art）”——1950 年成立于伦敦大学亚非学院，成为展出大维德藏品的专馆。大维德对伦敦大学的贡献不止于此，他还在 1930 年出资设立了中国艺术与考古教授席位，开设了英国大学的第一个中国艺术学位课程。对于学习中国艺术史的人来说，伦敦大学亚非学院至今仍是一个研究重镇。大维德藏品进入大英博物馆永久借展是因为进入 21 世纪后，大维德基金会由于财务问题日渐凸显导致原本的展览被迫关闭。

大维德中国艺术基金会

左 / 青瓷
右 / 大维德手书《遵生八笺》

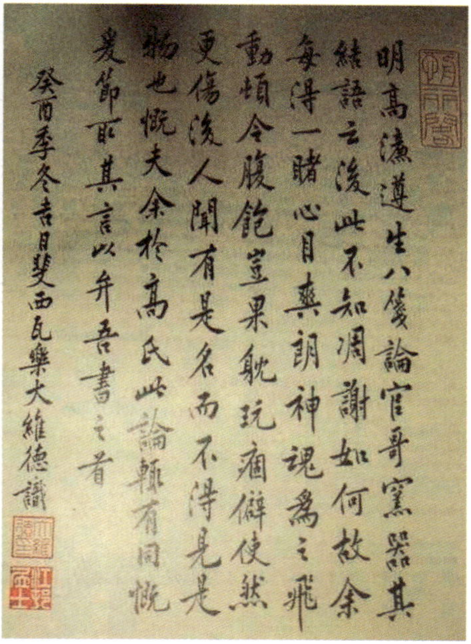

宋代官窑瓷器是大维德收藏中最出色的组成部分。宋代官窑分“汝、官、哥、钧、定”五大官窑，其中汝窑、官窑、哥窑、钧窑均为青瓷，定窑为白瓷。官窑和哥窑均为紫口铁足，釉面有开片，哥窑的开片又被称为“金丝铁线”，分为金色开片和黑色开片两种。钧窑分官窑和民窑两种，以铜为主要成色剂，烧制出玫瑰紫、钧红、天蓝、月白等千变万化的颜色，釉层里常常出现的不规则流动型线条，被形象地称为“蚯蚓走泥纹”。汝窑其胎为香灰色，烧制时在釉里加入玛瑙末，其温润秀雅的天青色釉被誉为是“雨过天晴后云层的颜色”，因为宋徽宗的喜爱，在北宋末期取代定窑成为御用瓷器。其烧制时期短，仅有 20 多年，因而越为世人珍视。传世的汝窑瓷器有记录的全世界仅 67 件，而大维德的收藏就占了 12 件，包括乾隆御题汝窑碗、刻花双鱼纹椭圆洗、葵瓣式盏托、三足奁式炉、水仙盆、镶铜口天球瓶等。汝窑多素净，不带纹饰，像刻花鱼纹洗这样带有纹饰的汝窑洗全世界仅存两件，另一件藏于台北故宫。汝窑奁式炉全世界也仅存

左 / 钧窑器
右 / 哥窑器

两件，一大一小，小的现藏北京故宫，大的是大英博物馆这件。三足奁式炉高 15.3 厘米，口径 23.8 厘米，模仿汉铜樽形式，直口平底，敞口深腹，外表有三道凸起弦纹，底部还有五个小如芝麻的支钉痕。葵口盏托全世界也仅存两件，另一件被维多利亚与阿尔伯特博物馆收藏。盏托乃茶盏的托盘，最早出现在东晋，唐以后随饮茶之风而盛行，到宋代时基本上与茶盏相伴使用。

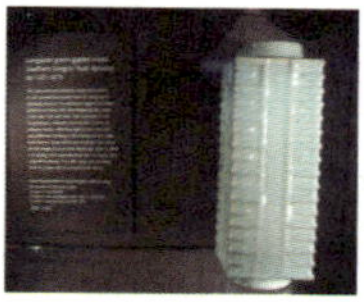
青釉琮式瓶

另一件大维德收藏的青釉琮式瓶，是大英博物馆宋代官窑的代表，玉琮内圆外方，与中国古代“天圆地方”的观念相吻合，是祭祀大地时用的礼器。因为宋代时作为礼器的玉器和青铜器越来越少，仿古造型的瓷器大量出现，琮式瓶模仿玉琮形制，在宋代被大量运用。

汝窑器

磁州窑瓷枕

宋代民窑分八大系统——以长江为界，北方的磁州窑、耀州窑、钧窑、定窑和南方的饶州窑、龙泉窑、建窑、吉州窑。北宋熙宁四年磁州窑的“家国永安”铭枕是古代陶瓷枕名品，枕呈元宝形，上宽下窄，枕面内凹。内凹的设计据说有利于古人保持发型，据李时珍《本草纲目》的记载，瓷枕对人体健康也有好处：“久枕瓷枕，可清心明目，至老可读细书。”枕面上方刻出双钩文字“家国永安”，间以细密珍珠地为饰，两旁分别刻有“元本冶底赵家枕永记”“熙宁四年（1071年）三月十九日画”的字样。铭枕立面的中间区域剔刻扁菊花纹，两侧面无装饰。这是迄今为止发现的年代最早的一件纪年珍珠地划花瓷器。熙宁为宋神宗年号，当时北宋面临辽和西夏的威胁，每年赠送两国大量岁币，加上战争的节节失利，致使北宋财政年年亏空。“家国永安”四字刻于枕上，

家国永安瓷枕

左 / 青花鱼藻盘
右 / "至正十一年"铭青花云龙纹象耳瓶

表达了瓷枕主人希望国家强大、家庭安乐的真切心愿。

到了元代，骁勇善战的蒙古人一统江山，他们不像宋代那样欣赏秀雅、内敛的瓷器风格，毕竟宋代重文轻武，整个社会的人文素养普遍较高，审美情趣上以文人占主导，不喜俗艳。相反，蒙古人喜欢大件的器具、鲜丽的颜色和丰富的纹饰。他们像伊斯兰地区一样崇尚白色和蓝色，青花瓷在此时大量出现，其形成亦受到波斯文化的影响。元青花的出现也很奇特，它不像其他品种的瓷器是渐渐演化、慢慢成熟，它的横空出世，一开始就惊艳众生。它的价格当然也不菲 :2005 年伦敦佳士得拍卖会上，元青花《鬼谷子下山》以 1400 万英镑的价格成交，折合成人民币约 2.3 亿，创下了当时中国艺术品在世界上的最高纪录！

可这样价值连城的元青花在几十年前却不被认知，从明代到清代再到民国，人们一直以为元代没有青花，一些存世的元青花被错认为是明代烧制。一直到英国大英博物馆的中国古陶瓷学者霍布森（R.L.Hobson）和美国的中国古瓷专家约翰·波普博士（John Pope）进行细致研究，才揭示元青花的真实面目。上世纪 50 年代，波普以大维德收藏的"至正十一年"铭青花云龙纹象耳瓶为标准

元青花

器，参照土耳其和伊朗博物馆收藏的几十件与之相似的中国瓷器，将所有具有象耳瓶风格的青花瓷认定为14世纪青花瓷，中国学术界继而将这种类型的青花瓷定名为“至正型”元青花，而这对大维德收藏的象耳瓶则是全世界现发现的唯一带有年款的元青花，因而成为公认的“至正型”元青花断代标准器。这对又名“大维德瓶”的珍贵的象耳瓶就展示在大英博物馆里。象耳瓶盘口，长颈，瘦腹，台足，颈部两侧各附一象首环耳。制胎用的是景德镇高岭土，质地洁白，所用颜料从外国进口，色调明丽，釉色光亮透明。瓶身通体共饰八层纹饰，从上至下分别是缠枝菊花、蕉叶、云凤、缠枝莲、海水云龙、海涛、缠枝牡丹和杂宝莲瓣，层次分明，描绘精细。颈部书写铭文：“信州路玉山县顺城乡德教里荆塘社奉圣弟子张文进喜舍香炉花瓶一副，祈保合家清吉，子女平安。至正十一

元青花罐

年（1351年）四月良辰谨记。星源祖殿胡净一元帅打供。”交代了它的制作原因和年代。

元青花一般来说专指元代景德镇所产青花瓷器，属于釉下彩制作工艺，以氧化钴为成色剂，在1200℃以上的温度中烧制而成。高温下，原来的黑色钴料渐变为鲜艳的蓝色，与原本略带青白色的白釉地形成鲜明反差，冷亮而润泽，鲜艳亮丽。元青花的纹饰分主纹和辅纹两类，主纹饰于瓶、罐的腹部和盘心，有植物型、动物型、人物故事型；辅纹配合主纹，有卷草、钱纹、浪涛、莲瓣、缠枝花卉等类型。虽然元青花的装饰层次多、布局满，但由于主次得当，并没有堆砌、琐碎之感，反而显得浓郁、大气，华美无比。因为蒙古人在花卉中喜欢热烈奔放的牡丹，元青花的主纹中常见牡丹纹饰。大英博物馆藏青花孔雀牡丹纹罐是元青花的又一珍品，这口瓷罐高30.2厘米、口径20.3厘米、足径18.4厘米。其牡丹从正、侧、仰、俯多种角度描绘，一对孔雀在花丛下漫步，神情舒展、形态各异，十分有趣。孔雀纹在出口伊斯兰地区的大盘、大罐上经常出现，象征着美丽，但在国内出土的器物上却很少见，在这个青花罐上，我们见证了文化交融所产生的瓷器之美。

景德镇从元代起独领风骚，其烧制的青花也迅速成为历代最受欢迎的瓷器种类。青花的再度繁荣是在明朝初期永乐、宣德年间。永宣青花使用郑和下西洋从伊斯兰地区带回的苏麻离青作为釉料，使青花呈现出不一样的鲜亮色彩。这种釉料在烧制时会产生银黑色的结晶斑，俗称“锡光”，这一特征在以前被收藏者当做鉴定凭证反复使用。青花如意抱月瓶诞生于永乐年间（1403~1424年），产自江西景德镇，其抱月瓶的外形源自宋元时期流行于西夏的陶制马挂瓶。瓶身绘有开花结果的荔枝枝条，上下装饰波浪纹样，颈部有一对带装饰的如意耳，瓶颈伴有荷花垂饰，瓶身造型优美，画面细腻、优美，展现了永乐青花的艺术之美。

有一种青花和釉里红相间的瓷器称为“青花釉里红”，创烧于元代，明宣德时被熟练掌控。釉里红以铜为成色剂，烧制难度极大。它要求窑工精准地掌控火候，在1350℃的高温下温差不可大于10℃，而在古代这全凭肉眼的判断，因而要求窑工有极丰富的经验。即使这样，釉里红还是很容易出残品，因而烧制成本很高，不是局势稳定、经济富足的时期，就没有釉里红的生产。清代康熙时期的青花釉里红别样出彩，它的瓶身往往布满釉里红，有少量的青花作为眼睛、花蕊等处的点缀，生动灵巧。

**颜色釉**

天蓝釉蒜头瓶

大英博物馆陶瓷展厅里有一些颜色鲜亮、每种颜色分区摆放的美丽瓷器，这是古代精美的颜色釉。在唐代以前，中国烧制的瓷器中总有铁元素等杂质，因而泛黄泛黑，不那么赏心悦目，长时间里，人们将纯白的瓷器作为生产目标，不断地改进技术，以求更白。到了唐代，邢窑已经能够烧制出很白的白釉了。随着生产力和技术水平的提高，中国古人渐渐不满于青、白二色，开始了色彩纷呈的实验。颜色釉里见得最多的是蓝色、黄色、红色和白色。这四种颜色很有文化渊源，古人以“蓝”代表天，“黄”代表地，“红”代表日，“白”代表月，清朝祭祀神灵的天坛、地坛、日坛、月坛，分别以蓝、黄、红、白为主色。蓝釉在元代已出现，常常绘有白色图案，明宣德时期烧制的蓝釉一种是洒蓝，一种是宝石蓝，到了晚明流行的蓝釉颜色加深，为祭蓝色。清代蓝釉装饰变化少，颜色主要有月白、天蓝、祭蓝、砖蓝等色。黄谐音“皇”，在清朝是皇家御用之色，明代初期才出现，弘治时的鸡油黄为黄釉之最，清代时渐渐丰富，有鸡油黄、淡黄、米黄、柠檬黄等色。雍正时期渐渐有黄釉的日用器，清宫设宴时后宫佳丽们按等级享用黄色含量不同的餐具。红釉的产生较早，北宋初年已有，但真正优质的红釉是在明宣德年间产生，色如“初凝之牛血”，宣德之后红釉停止生产，直到清代才恢复。清康熙时期郎窑红最著名，“郎”是当时景德镇督陶官郎廷极的姓氏，他监督生产的郎窑红釉质如玻璃，越往瓶底颜色越深，但积累到瓶底的釉色不会流出圈足，称为“脱口垂足朗不流”。康熙之后的红釉品种繁多，高温釉中有祭红、豇豆红、窑变红，低温釉中有珊瑚红、胭脂红、矾红等。白釉产生最早，有名的有元代时期的“枢府釉”、明永乐时期的“甜白釉”。清代康熙时期的白釉带有“闪青”，常带雕刻纹。雍正皇帝极爱白瓷，此时的白釉生产已达登峰造极的水准，而雍正帝之后，白瓷因制作过于娴熟而不再为人宠爱。

清朝时期，瓷器品种繁多，许多传世名品都在这一时期生成，一些新的瓷器种类也在此时诞生。这都归功于康熙、雍正、乾隆三代皇帝，他们三爷孙艺术修养都不赖，特别是雍正帝对艺术的品位超凡，不像他的父亲和儿子多次游历江南，他从未离开过北京，前无古人后无来者地勤于政事，案头的瓷器成了他怡情养性的渠道。康熙年间珐琅彩初创，这得益于景泰蓝的传入。景泰蓝最早诞生于古希腊，在元代时制作工艺由阿拉伯地区传入中国，因明代景泰年间的成品出名，而得名“景泰蓝”。景泰蓝又名“掐丝珐琅”，它以铜为胎，用铜丝做成图案，再在表面填入玻璃浆，制作难度大、费用高昂。宣德年间的景泰蓝云龙纹盖罐是大英博物馆的馆藏珍品，存世仅有两件，是典型的15世纪初的景泰蓝。在这件盖罐上，工匠用金属丝勾勒出飞翔云间的戏珠龙纹装饰，胎为青铜质地，再在表面焊接细丝铜线，填入不同颜色的珐琅釉，其表面的小气孔是烧制时玻璃气体溢出的结果。颈部一侧题有“大明宣德年制”，另一侧题“御用监造”。这件御用珍品如今静静立在玻璃展柜中，等待着人们近距离观察它，发出惊讶的赞叹。

一直到清代，景泰蓝都深藏于皇宫内，是皇室御用品。康熙年间，在皇帝的旨意下，工匠们开始研制在瓷胎上进行这种工艺，这就是珐琅彩的诞生。珐琅彩在民间有个雅致的名字——“古月轩”，它的素胎由景德镇制造，挑选出最完美、最白净的部分运往北京皇宫内，在养心殿完成上彩和最终的烧制，这也是唯一在皇宫内完成烧制的瓷器。珐琅彩分三类：铜胎画珐琅、瓷胎画珐琅和玻璃胎画珐琅。清朝很多常见的鼻烟壶就属玻璃胎画珐琅工艺。

粉彩的出现是在康熙晚期，景德镇的工匠们为模仿珐琅彩的效果而创制粉彩——这种风行程度唯一能与青花相抗衡的瓷器。它在颜料中添加了玻璃白，使得颜料呈粉状，在瓷器表面形成凸起，且可以做出渐变效果，十分便于写实。到雍正年间，粉彩风靡于大江南北，为官民共享。大维德基金会藏的鸟纹抱月瓶是雍正年间的景德镇产品，瓶身扁平、圆润，瓶颈呈管状，瓶耳为卷形云朵。两只白头翁鸟和盛开的花朵构成一幅寓意“白头富贵”的画面。雍正官窑粉彩清新淡雅、格调不俗，是粉彩中的极品；乾隆时期的粉彩又是不同风格——华丽繁缛、鲜艳富贵。

粉彩、珐琅彩俱是彩瓷的分支，彩瓷含四大类，另外两种是五彩和斗彩。五彩有“釉上五彩”和“青花五彩”，其中青花五彩和斗彩极为相似，都是将青花画在釉下，其他颜色画在釉上，只不过青花五彩只用青花画蓝色部位，而

左 / 郎窑红观音瓶
右上 / 粉彩天球瓶
右下 / “雍正年制”款识

成化斗彩鸡缸杯

斗彩用青花勾勒整幅图案，再在釉上填绘别的颜色，釉下青花与釉上五彩争奇斗艳，因而称“斗彩”。斗彩最初统称“五彩”，清代晚期才改称“斗彩”，而“五彩”的“五”也泛指多种颜色，不是特指。釉上五彩在康熙中期大量出现，制作时彻底摒弃青花，在白底上画五彩。五彩与粉彩相对，称为“硬彩”，而粉彩又称“软彩”。到雍正年间，因粉彩的兴起，五彩迅速衰落。明成化时期的斗彩出名，称“成化斗彩”。其代表有成化斗彩鸡缸杯。此鸡缸杯存世不超过 20 只，各大博物馆皆有收藏，有些年代还尚有争议，疑为后朝仿制，但它们都身价不凡，2014 年 4 月 8 日在香港苏富比拍卖的成交价是 2.8124 亿港元。历代皇帝皆钟爱这小小的成化鸡缸杯，乾隆皇帝曾为此作出“寒芒秀采总称珍，就中鸡缸最为冠”的诗句。

外销瓷盘

中国瓷器从唐代起就远销海外，在欧洲大受贵族追捧，他们将中国瓷器作为观赏品与宝石摆放在一起，以炫耀自己的品位和财富。在英国，伊丽莎白一世收藏着明代万历五彩提梁盖壶等陶瓷珍品；在法国，路易十四为情人修建了特里亚农瓷宫，仿照中国园林布置山石、树木，摆放中式家具和花瓶；在维也纳，茜茜公主的书桌上摆放着中国瓷器，盥洗盆和便桶也采用青花瓷风格。中国瓷器的精美和贵重吸引欧洲国家争相仿制，如德国的迈森瓷器、英国的韦奇伍德。还有大量的订单接踵而来，景德镇工匠按欧洲人的意图生产专供外销的瓷器。这些外销瓷与中国本土的瓷器样貌大不相同，它们有的描绘着欧洲人像，有的绘制着圣经故事，有的反映了中国人的起居生活，有的记录了重要的历史事件……还有些带有徽章的“徽章瓷”是欧洲名门贵族的定制。克拉克瓷在外销瓷中的名气响亮。产于江西景德镇的克拉克瓷碗，是大英博物馆藏的外销瓷珍品。1602 年，荷兰东印度公司在海域上截获一艘满载中国青花瓷器的葡萄牙商船，这批瓷器之后被运往荷兰进行拍卖获利不菲，在欧洲引起轰动，因为当时不知道这批瓷器的产地，欧洲人便以荷兰语的“Kraak”（意为葡萄牙战舰）称呼这批瓷器。粉彩“纪念荷兰商船停泊中国海域纹盘”中央是一条扬帆行驶的商船，瓷盘上沿用荷兰文书写道“威里堡号的大副在 1756 年（乾隆二十一年）驶入中国海域”。这种外销瓷的价值不仅在于艺术性，它们更是历史留下的珍贵史料，向我们透露了过去的事件、人们的生活和他们的想法。

在今天，瓷器依然是我们生活的重要组成部分，或许在观看了大英博物馆里的宝贝瓷器后，我们在今后的生活中会更好地体味瓷器之美吧。

## Tip: 如何逛一间博物馆？

关于尽享一间博物馆的 6 个建议：

1. 首先是要找准时机，这点大家应该都不会否认，工作日的上午一般参观人员较少，是最佳看展时间。周一一般是公立博物馆的休息日，所以建议选择私人美术馆和画廊一类。

2. 一双舒适的鞋子，这在变绿君看来是最为重要的，对于一些历史气质明显的博物馆建议带件外套，为了保存文物，它们通常室内温度很低。脚力好的朋友也建议合理安排参观内容与休息时间，不要太拼哦。

3. 适当地解背景知识，可以使你更好地理解与接触作品。此处 iMuseum、wikiart、Vart 都可以带来便利的资讯。平时的阅览积累也是必不可少的哦。

4. 大多数公立博物馆还是允许拍照的，所以看展之余留下纪念，也方便以后重温，但是请千万不要开闪光灯，闪光灯的光污染你永远也想不到有多大！不能拍照的博物馆，大家也不用难过，到它的周边商店转转，一定会有意想不到的收获。

5. 提高看展体验是大家都希望的，这时候变绿君提倡一种情景扮演，但请控制情绪，具体来说就是假设“你是富可敌国的大买家”“你是家装公司顾问”“你是作品的主人”“你是一个美术鉴赏家”等等。

6. 最后，为扬我国威，请保持参观礼仪。保持安静是基本，不要指手画脚。进食与饮料请一律避免，手机静音也相当关键。

在博物馆画画记录的人

# Part 3 人类之最强大伦敦艺术指南

你从泰晤士河畔来吗？你将要去哪里？你的伦敦之行走得怎么样？会不会还在用无数张“到此一游”诠释着著名的伦敦，那个全世界人眼里的伦敦？或者是迷失在物欲横流的 shopping 大战中？抑或是每天高强度的 reading 任务让你按捺不住冲动想迈开步子，出门见识另一番天地？那么，一起结伴而行吧。这里，是伦敦，永远少不了艺术的微醺。

1

# 国家美术馆

## 01/ 国家美术馆 ABC

在伦敦的旅游胜地随处可见的不仅仅是满地的纸片宣传单，还有无处不在调皮高傲的鸽子 Queen 和 King，特拉法加广场作为著名的景点，更以鸽子之多而闻名。这里提示一下，英国的鸽子是不能随便喂的，因为英国政府嫌弃这些小东西们太多会破坏建筑，所以下令禁止人们喂食给它们。我们今天的主角英国国家美术馆（The National Gallery），就位于上述广场的正北方向。很多人看到“gallery”这个词就会怀疑它的重要性以及经营方式。所以变绿君认为有必要做一

**Tip: 国家美术馆**

开放时间：平日 10:00AM-6:00PM，周五 10:00AM-9:00PM
注意 1 月 1 号与 12 月 24~26 日闭馆。
地址 :The National Gallery，Trafalgar Square， London WC2N 5DN
附近地铁站 :Charing Cross、Leicester Square、Piccadilly Circus、Embankment
官方网站 :http://www.nationalgallery.org.uk

## 一个国家的面容与记忆

个比较，我大天朝北京天安门广场正北方向是什么？答：故宫博物院。这是一个收藏艺术品与展示历史的地方。因此，有没有秒懂国家美术馆的厉害之处？更别说它是仅次于大英博物馆的人流量排第二的公共机构。虽然藏品数量仅为四位数，但却是排位仅落后于大英博物馆、法国卢浮宫、美国大都会博物馆的世界声誉第四大的博物馆。

国家美术馆成立于1824年。当时仅有38幅画作，是由乔治四世说服政府购买的约翰·J·安哲斯坦的艺术品收藏，其中包括现在闻名遐迩的伦勃朗、拉尔等人的38幅作品，其后，逐渐拓展为现在以欧洲绘画收藏为主的国家级美术馆。其主建筑为希腊风格，于1838年落成，随后经过扩建塞恩斯伯里侧翼于1991年开放。下面变绿君简要介绍的国家肖像画廊也隶属于国家美术馆。下文中的泰特美术馆在1955年之前也属于国家美术馆的分馆。值得一提的是，画廊的Micro Gallery提供电脑查询服务，堪称国家美术馆最完整的电子艺术百科全书。

由于不收门票，这里终日人如潮涌。另外，正门的露台还是俯瞰特拉法加广场的最佳角度。参观时不妨注意一下，国家美术馆的藏品按照年代分别在不同展览室展出，如果要按照时间先后顺序参观，最好从塞恩斯伯里展览室（Sainsbury Wing）开始，然后接着是西、北、东三个展览室。

特拉法加广场

## 02/ 侃一侃馆宝们

国家美术馆每年展出约 2300 件作品，但是你进去溜达就知道十分给力的建筑条件使得他们陈列画作的方式十分“土豪”，一帆原话“一面墙一堆作品”形容得贴切到位。所以变绿君在此明确一些大家可能一不留神就错过的经典之作，也是通常被誉为“馆宝”们的大作，当然，这里所谓的“经典”是基于变绿君艺术史专业的考量，如果你喜爱宗教或者对骑士精神“重度感冒”，有自己的主观需求，那么就是另一回事了。

首当其冲的一定是这件 :《岩间圣母》( 1490~1507 ),为什么呢?因为它的作者名叫达 · 芬奇，有了这个名字此处就直接省略 15 万字论文一篇，卢浮宫有这幅画的姐妹篇，无论如何，这幅天才手笔，只需要静静观赏就好。扬·凡·艾克的《阿尔洛芬尼夫妇像》( 1434 )也很重要，有多重要呢？比方说变绿君的每一本教材里头都给了它“露脸”在彩页上的特殊待遇，因为一般的教材都是黑白的。大名鼎鼎的美剧《绝望的主妇》开篇也毫不吝啬地给了它一个特写镜头。如果你看到此作，它巧妙推敲的透视游戏与镜面效果，以及各种隐喻式的谜题物件，绝对让你觉得神秘刺激感远胜夺宝奇兵 100 倍。《维纳斯与战神》( 1485 ) 的作者是大名鼎鼎的波提切利，这个人

左 / 岩间圣母
右 / 伦勃朗自画像

扬·凡·艾克《阿尔洛芬尼夫妇像》

波提切利《维纳斯的诞生》

有幅名作叫做《维纳斯的诞生》，描绘一个金色头发的女孩站在贝壳上。

上述馆宝们大致创作于文艺复兴时期，这在西方文化史上是非常光明的时间段。在接下来的时间中，由于文艺复兴以及启蒙运动的冲击，欧洲封建制度日趋衰弱。大量艺术与文学创作者的重心都由君主与神权转移到个人与日常生活上，现实主义潮流涌动起来，这个主义还有一个名字，叫做卡拉瓦乔主义。而馆宝之一的《男孩被蜥蜴咬伤》（1595~1600）正好就是前述的这位卡拉瓦乔所画，画中的男模特传说是他的相好，而当时“同性”行为被视为违法，而且这位卡大师还是个血气方刚的剑客，经常没事就舞舞佩剑锻炼锻炼身体，所以他的一生被通缉过很多次，也经历过很多次峰回路转，写成一本奇侠传也不为过。《镜前的维纳斯》（1647~1651）是委拉斯贵支的创作中唯一免遭西班牙宗教审讯破坏的女人体，后来它也成为女权主义者抗议的象征，女权主义者们让维纳斯头戴猩猩面具以对抗男性中心审美。自拍天王伦勃朗的《63 岁自画像》（1669）则记录了这样一位大躁之人晚年的寥落。说起伦勃朗，他不但喜欢画自画像，还喜欢采用现在自拍的一个经典用光，叫 45 度的伦勃朗之光，这样的光线显得人像立体分明。当然，后面变绿君将尝试分析的画作《使节》（1533）也是馆宝之一。

在科技的发展以及资产阶级革命的成功影响下，我们所熟知的印象派浮出了水面，但是秉承着马克思大哥“对立统一”的著名理论（尽管那时候老马哥还没有出生），但就是这么回事，一个对印象派做出反思的流派也随即出现，我们一般称其为后印象派。印象派大师莫奈的《睡莲》（1899）作为馆宝大家应该不会觉得奇怪吧。但是后两幅作品也很重要，尤其是《阿尼埃尔的浴场》（1884），看到这幅画很难不被它天真明亮的色彩所吸引，但活泼的点彩画法才是这幅画的重点，它似乎荡漾着这一种乐感，夏季的情绪也就变得不言而喻了，大名鼎鼎的凡·高《向日葵—花瓶里的十五朵向日葵》（1888）也是不用多说的名作了，基本知识呢，变绿君可以“安利”一个动画片叫《名侦探柯南之业火的向日葵》，里头提到了名作“多胞”的问题。

## Tip: 如何观看一幅画?

聊了那么多，变绿君还是会经常被问到应该怎么观看一幅画呢？这个问题真的就像“爱人和老妈掉下水先救哪位”一样复杂，就算是从幼稚园开始学画，从本科开始研习美术史，变绿君仍然觉得这种问题对一个研习美术史六年的人而言依旧深奥难以回答。但是下面变绿君将通过尝试分析小汉斯·荷尔拜因的《使节》（1533）来对上述问题提几点建议。

第一，变绿君认为很重要的是肉眼观察，直击作品。看看它能激发起你的哪部分，愉快的心情？疑问的思绪？抑或是绵长的回忆等等。对于变绿君而言，《使节》这张作品映入眼帘后，第一反应是这幅画哪里好呢？是因为那个变形骷颅头吗？

第二，品味画面本身，包括色彩、构图、笔触、人物形象。那么《使节》的画面是怎样构造的呢？构图均衡，两位主人公各站一边，都将手靠在一个置物架上。他们衣着华贵，但是面部表情呆滞，身边堆放了许多乐器、地球仪与其他数理仪器。画面正前方有一个画家精心安排的变形骷髅头。画面色彩华贵艳丽，红绿对比，十分醒目。这些虽然是直观可见的，但是走到这里你就已经完成了艺术史学习中很重要的一步：图像描述。

第三，是了解作者的生平，当然，这些工作完全可以在回家的路上手机百度一下就好。那么《使节》的作者小汉斯·荷尔拜因是怎么一回事呢？小汉斯·荷尔拜因（约 1497 年~1543 年 11 月 29 日以前）是德国画家。出生于巴伐利亚的奥格斯堡，主要向其父亲学习绘画，后来他和哥哥一起去了瑞士巴塞尔。当时发生在瑞士的宗教改革反对教堂悬挂绘画等偶像作品，因此作为一位艺术家荷尔拜因的处境比较艰难，1526 年他转道尼德兰去了伦敦，

这是他创作此画的一个很重要的契机。因为荷尔拜因在托马斯·摩尔的帮助下在英国站住了脚，他为亨利八世和他的朝臣们绘制了许多肖像，还曾经为亨利八世设计朝服，并为其第二个妻子安妮·博林设计墓碑和墓前装饰。而这幅画正是担任法国驻英大使的丁特维尤勋爵和外交官、主教塞尔维邀请他创作的，正是创作于他在英国活动的期间。如果你有兴趣可以翻看荷尔拜因的画册，以此来了解他的创作风格、同时期作品的同异、他与其他艺术家的关系等等。

第四，体会图像与时代的互证关系。例如在《使节》中，右边的主教是一位著名的学者和音乐爱好者，也是当时同情路德派教义的极少数法国主教之一。画家以画中打开的赞美诗集所写的路德教派赞美诗，显示这位主教的思想；画中两人身穿丝绸华服，傲然挺立，宣扬他们既是拓展人类知识的学者，又是显赫的贵族；桌上摆放的音乐、天文学、制图学的物品，显示其丰富的学识和兴趣。在画的前景中有一个变了形的骷髅头，人物帽沿上也有个骷髅，小荷尔拜因借此来暗喻死亡的信号，强调人类的成就都只是虚幻无常、转瞬即逝的东西。他着力表现出人物的社会地位、性格特征和心理状态，并吸收了意大利式的肖像画技法。显然，画家并未矫揉造作地去故意美化、粉饰画中人物，而是以直观、高度写实的手法忠实地记录了自己的感受和理解。但是，贵族习气的呆板和矜持也给作品带来了僵化的痕迹，这与迎合当时宫廷趣味的“矫饰主义风格”有关。这幅画从某种角度暗射了当时欧洲的宗教改革大潮，而骑士与贵族文化也在画中作为审美标准而传达出来。这些推想用个专业的词就叫做“图像证史”了。

# 2 古今泰特

WELCOME TO
TATE BRITAIN

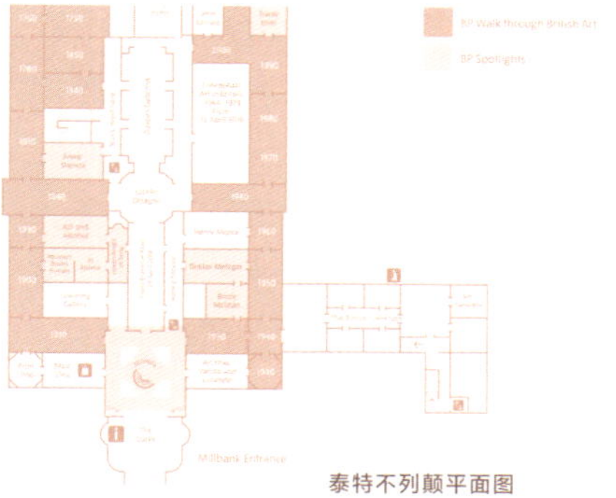

泰特不列颠平面图

## 01/ 泰特不列颠

英国最著名的艺术奖项透纳奖（The Turner Prize），是欧洲视觉艺术的重要奖项，由泰特不列颠美术馆主办。从最初的饱受争议，到“艺术是不是垃圾”的无休止争论，再到该奖项30多年的发展之后，人们对“惊世骇俗”之作也见怪不怪了，反倒视野日益开阔，

泰特不列颠内的楼梯 / 建筑装饰

## 英伦艺术的前世今生

艺术不再是小众圈子里的话题，成为某种意义上的大众“娱乐”，给人带来强烈的冲击，或许这正是透纳奖的价值。

泰特不列颠美术馆的前身是一座迷尔班克监狱，是押送犯人前往澳大利亚的落脚点于 1890 年被拆毁。现在大家看到的美术馆是由维多利亚时代晚期建筑设计师 Sidney R.J. Smith 设计的宏伟庄严带有古希腊风的大门门廊，位于展馆中心的圆顶，带着一丝庙宇的气息。展馆入口天花板上、三角墙上的不列颠尼亚雕塑，低调地强调着这是大不列颠纯正的艺术。泰特不列颠成立于 1897 年，于 1897 年向公众开放，由向国家捐赠大量艺术藏品的造糖工业家亨利·泰特（Henry Tate）爵士所创，其收藏的藏品可追溯到 16 世纪初，这正是欧洲文艺复兴的鼎盛时期。泰特馆藏丰富：早期的绘画大师透纳，从他的印象派风景画中来看看大自然的崇高与狂野；或者从惠斯勒作为对唯美主义的追求中来看看对艺术高高的美感；还有近代的弗郎西斯·培根，坚持现实主义绘画的卢锡安弗洛依德等等。除了古典作品外，它也与当代艺术并行，常常会有定期的当代展览，当然，不能与泰特现代美术馆相提并论。总之，你在泰特不列颠就容易有种“大师们跑得太快，时代在他们身后气喘吁吁”之感。

左 / 透纳的风景画
右 / 透纳的自画像

## 02/ 威廉 · 透纳小传

在之前变绿君不断提及的英国历史中不难发现，这个国家由于地理位置等诸多因素，艺术的发展总是处于“慢半拍”的状态。然而，当我们想到它能与艺术文明繁盛至极的法国争执那么多年，就能理解为什么在 18 世纪之前艺术史中英国并未登场。可是应了一句老话“好戏在后头”，英国第一位国民艺术家就是一个让人瞠目结舌的神童级人物。这位画家还有一位情圣伙伴，而这两个人的创作最终“抛砖引玉”，给世界带来一位众所周知的印象派大师莫奈。

威廉 · 透纳就是我们所谓的“英国历史上第一位艺术家”，他的伙伴名为约翰 · 康斯泰勃尔。为什么说透纳是英国第一位艺术家呢？为什么又说他是神童呢？我们看看这哥们的履历表就知道了。他年仅 11 岁时就创作了《圣约翰大

左 / 泰特不列颠的艺术衍生品商店
右上 / 馆内收藏的雕塑
右下 / 展出的摄影作品

教堂》（1786），14 岁被英国皇家艺术学院破格录取，15 岁入选皇家美院画展，26 岁成为皇家艺术研究会最年轻的正式会员。要知道，他的朋友康斯泰博尔同志可是在 1829 年才加入该协会。

为什么这位透纳同志如此重要呢？我们来聊一聊他的贡献，提起他大家应该都想到的是一些“混沌派”且具有抽象气质的风景画，没错，他的画色彩绚丽、情绪强烈、神秘莫测，而正是这样的作品一改法国著名风景画家克劳德·诺兰所导致的主流崇拜，从而展现了英国人独立的创作语言。同时他开拓了风景画的地位，将其从宗教画的背景与陪衬身份中解救出来。回过头我们来看看泰特不列颠里的透纳。

泰特收藏的透纳作品占全球 2/3，和其他常设展品一样按编年方式陈列。如此壮观的藏画是怎样得来的呢？话说透纳这位英国艺术的老大哥逝世将近 5 年后，即 1856 年，一项判决对他的财产进行了处理。判

透纳作品展览的一部分作品

决规定在透纳的画室中发现的被认为是透纳亲手所画的作品作为“透纳遗产”（Turner Bequest）由国家接收。这其中包括近 300 幅油画和约 30000 幅素描和水彩（包括 300 本素描集），还有少量合作作品以及此后被发现为其他画家所作的作品。泰特美术馆收藏的透纳作品绝大部分来自“透纳遗产”，也有少量作品是单独购得的。

除了透纳，比他小 1 岁的康斯泰博尔、拉斐尔前派、大卫·霍克尼等等的作品都是泰特不列颠的重点参观对象。一言以蔽之，泰特不列颠演绎了整个英国艺术史，而他的兄弟泰特现代则不断书写着未来的英国艺术史。

**Tip: 泰特不列颠**

门票：免费（除了一些特殊的展览是要门票的）
时间：10:00AM-6:00PM
地址：Millbank, London SW1P 4RG, United Kingdom
附近地铁站如下：Pimlico、Vauxhall、Westminster
官网：http://www.tate.org.uk/visit/tate-britain

泰特现代

**Tip: 泰特现代**

时间：周五 10:00AM-10:00PM，
此外均为 10:00AM-6:00PM
地址：Bankside，London SEI 9TG
网址：http://www.tate.org.uk/visit/tate-modern
注意：泰特美术馆和泰特现代美术馆之间有免费的 shuttle bus，每 40 分钟一班，可以乘坐这个船往返于两个美术馆之间。

## 03/ 泰特现代

2016 年 6 月 17 日，泰特现代美术馆新馆（New Tate Modern）正式对外开放，这座由瑞士建筑师事务所 Herzog & De Meuron 设计的新馆"开关室"（Switch House），高 64.5 米，共有 10 层。新任馆长是弗朗西斯·莫里斯（Frances Morris）。形似金字塔的"开关室"，以折叠的混凝土结构正在打开世界的新观点。新馆的展览计划将放在聚焦女性和非白人艺术家上，同时还将把重心放在现场艺术和行为艺术上，总之，是一个致力于现场表演、装置艺术的新展示空间。

遥想泰特现代美术馆（Tate Modern）的涡轮大厅（Turbine Hall），可能是世界上最为人所知，被拍摄次数最多的当代艺术空间。它带有20世纪工业建筑的最显著特征。在公众的印象中，泰特现代美术馆首先呈现的是体验当代艺术的戏剧性空间。美术馆建筑本身同样由Herzog & de Meuron建筑事务所接手改造，他们并没有夺去旧电厂遗留下来的痕迹，而是最大限度做了保留——四方的空间体搭上褐色黏土砖的外墙肌理，利用室外的自然光线营造出一种空旷却力道十足的重工业风格。自2000年开始，泰特都会挑选出一名艺术家，创作一件装置作品放置在涡轮大厅中，一个体验当代艺术的戏剧性空间，例如桃瑞丝·沙尔塞朵（Doris Salcedo）在美术馆设计的长达167米的裂缝；还有奥拉维尔·埃利亚松（Olafur Eliasson）的“巨型太阳”《气候计划》，在人造空间中思考被人干预过的“伪自然”等。

泰特现代美术馆在吸引国际旅客和本地观众中扮演的重要角色是其成功的关键。美术馆网站提到它是英国前三大旅游胜地之一，每一年美术馆都为伦敦的经济贡献约1亿英镑。但美术馆的经济影响不仅来自于旅游业的增长和观众数量的

上 / 泰特现代里的装置
下 / 馆藏艺术品

左 / 蒙德里安构成
右 / 杜尚《泉》

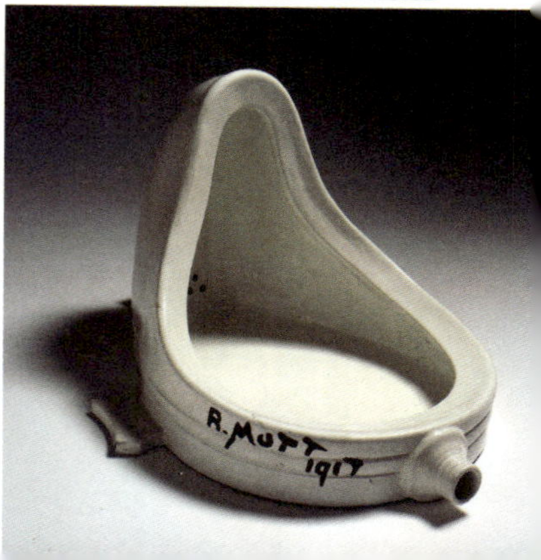

2 月的泰晤士河边，摄于 TATE MORDEN 二楼，这里是一个非常好的泰晤士河观景台。

增加——它的观众数量已经达到了每年 500 万人——它还参与了在 1990 年当地文化部门极力推动的城市发展计划。泰特现代美术馆在泰晤士河岸地区的发展中发挥着重要作用，它使周边的房地产增值，并使世界上其他文化发展区常见的生活方式设施在此地铺展开来，制造了自己的迷你毕尔巴鄂效应（Mini Bilbao Effect）。没想到吧，居然这么厉害？所以你一定要去逛一逛！

泰特现代美术馆值得一看的原因，除了它的建筑特色还有它的展览方式。千禧年前后，当代艺术获得了巨大的展示空间，美术馆开始背离编年史叙事，这是自 18 世纪晚期开始成为藏品展示的主要结构和思路。泰特现代美术馆最显著的特点是背离一贯传统的编年顺序，结合主题展示作品，从而拒绝了用单一的方式来“禁锢”作品，反倒从过去与现在的关系来串联起多个故事。在一个题为“媒体网络”（Media Networks）的主题展览中，展示了在过去 100 年中，

泰特现代里收藏的版画

泰特现代里收藏的装置

艺术家怎样用不同的艺术创作媒介来回应大众媒体和科技，并引发一系列针对女性主义、消费主义、网络和后网络文化的诘问。具体来说，泰特现代采取的是主题性呈现而非按照艺术史演进的现代艺术展。但这种非历史性的展示背后也包含了一种后现代的态度——拒绝用单一的方式来进行文化分析。除了独特的、线性的历史线索，对于同一批馆藏来说，有许多不同的方式可以呈现艺术创作的启发性视角。在泰特现代美术馆，传统的艺术编年史与主题性的展示并存，这从馆藏展厅外墙壁上的时间轴可以看出来。

泰特现代除了肩负艺术的使命外，同时它的阳台还是绝佳观赏伦敦风景的地方，你可以远眺千禧桥对岸的圣保罗大教堂，或者在建筑外周边享受沿河的风景和街头艺人的很有特色的表演。关于泰特的未来？泰特现代麾下有六个研究中心，其中最新的一个聚焦于现当代亚洲艺术，并且从早期开始泰特现代美术馆就致力于收藏和展示来自欧洲及北美地区以外的艺术作品。亚太地区藏品购入委员会在 2007 年成立，中东及北美地区委员会在 2009 年成立，非洲委员会在 2011 年成立，以及 2012 年，南亚、俄罗斯和东欧委员会成立。通过建立这些委员会并支持它们的活动，泰特现代美术馆已经成为全球美术馆在重新定位现当代艺术收藏方面的领导者。

3

# 标准绅士养成记——V&A

I find monarchies so endearing
我发觉君主制很讨人喜欢
Because it’s so vuluerable
因为它很脆弱
You eliminate one person and all of a sudden
你们干掉一个人，忽然间
The whole world changes，like in a marrige.
整个世界就变了，就像婚姻。

——movie:youth

——电影：《年轻气盛》

**Tip:V&A**

时间：日常为 10:00AM-5:45PM，周五为 10:00AM-10:00PM。
地点：Cromwell Road， London， SW7 2RL
官方网站：http://www.vam.ac.uk/

上面这段话，是变绿君站在 V&A 博物馆门口时联想到的，因为它很精确巧妙地传达了这座博物馆的气质。这里有三个关键词："君主立宪""脆弱""婚姻"。事实上，站在 V&A 门口，我的伦敦行已经迈入下半部分，转头看看身边的一帆，还是诚心地羡慕她有大半年的英伦游学，她甚至可以在美术馆气定神闲地坐下来临摹和速写，还可以参加很多美术馆组织的活动，V&A 的工作坊（working shop）可是有口皆碑的等级哦，感兴趣的朋友不妨提前在官网上查看一番。

如果要聊 V&A，变绿君建议大家首先了解一个时代——19 世纪，再精确一些，是一个被称为"维多利亚"的时代，因为博物馆的名字的全称就是维多利亚与阿尔伯特博物馆嘛。关于那个时代，智慧如你，应该听说过，那是一个人类文明绽放异彩的时代，而最能勾勒其时代特征的两门学科，伦理学与博物学就在那个时代确立并发扬，这两门学科在那个时代成了绅士们的最重要课程，于是，有这样一批人就出现了。

## 我用古典的方式<br>爱过你

左 /V&A 正面街景

右上 / 馆内雕塑

右下 / 馆内商店

他们可以气定神闲地坐在书桌前修改大英百科全书上的纰漏，身后是两三个人高的书架；他们可以细谈从古典乐到现代歌剧中的任何一个桥段，兴致来时甚至改编经典曲目；他们可以从勃艮第红酒谈到福建正山小种，从货币虫石灰岩聊到白蜡树。而在这样一群人中，有一个佼佼者，成为了本次故事的中心，他就是弗朗西斯·阿尔伯特亲王，这位亲王以其高贵的气质与能如数家珍般地熟背女王维多利亚的爱憎，最终实力撩妹成功，成为了一个坐拥当时世界上 1/4 土地的“日不落”帝国女王的男人。

说起这位王的男人，可以聊的就多啦，比如说他被称为“行走的百科全书”，他精通棋道与剑术，他知道多种乐器且挚爱舒伯特，他舞蹈优雅且擅长绘画与建筑设计，他创造了一种至今使变绿君蒙恩的制度——世界博览会，同时，他为她的妻子建造了一座水晶宫殿，你一定要听说过这所宫殿！它被毁时，英国首相丘吉尔感叹道：“这是一个时代的结束。”然而，就是这样一对关心文艺事业的夫妇，他们从某种意义上稳定了英国的“君主立宪”制，同时留下大笔经费，后来成为 V&A 博物馆的钞票来源。

说到这里，你可能迫不及待地想走进这座博物馆。我提醒你，要事先拿到导览手册哦！它实在太重要了。如果你只是匆匆地来伦敦旅游，那么，我

维多利亚女王和阿尔伯特公爵

上 / 馆内的休息区
中 / 馆内的雕塑
下 / 馆内的雕塑

建议你重点观看临展，也就是与常设展相对应的临时展厅，因为 V&A 作为全国第二大的全能型博物馆，你能从它这里了解到十分“当下”的英国，我参观时它正在做《追忆波提切利》《裸饰——内衣简史》等展览。说起“当下”，不免让我想起，最开始关注 V&A，是因为它在 1973 年进行了一个青年项目，那时候的英国“青年生态”是极其让人担忧的，于是博物馆就“脆弱性与适应性”的话题办了一场摇滚音乐会。你能想象么？一个一贯严肃有众多历史文物的展馆，来了一场摇滚！开启低音炮，脚踩电门，感觉博物馆这个老掉渣的建筑和里面的藏品都揪紧了小心肝。不过这个活动使得更多的年轻人走进历史与文化，变得坚强而认真。当时了解到这条新闻，变绿君相当兴奋。你想啊，一直是你在参观博物馆，而有这样一座博物馆，它在关注你，在关心你，这是多么美妙的一件事。

请跟变绿君和一帆一起来最大限度地体会这座美术馆吧！我们将向你深度解秘，一个标准 19 世纪绅士的自我养成。走进大门，首先，你会看到一个极度凌乱的玻璃装置，不要慌，绅士们总是先要有比较好的色彩感，才能自信黑色是真我选择。接着，我们一起来做符合人体功学地向右转，来到亚洲艺术

V&A 50d 馆 文艺复兴和中世纪藏品

V&A 馆内文艺复兴和
地中海藏品展示大厅

展厅。看到满满当当的展厅就能明白，作为一个英国绅士你需要学贯中西。这个区域基本上是按地区划分的。接下来，我们穿过韩国展厅就来到博物馆的“欧洲单元”。

结束一层参观后，可先去负一层继续参观，完全没必要担心走冤枉路。因为贴心的博物馆管理者直接把负一楼的电梯设置到只停二楼及以上区域，而且负一楼和一楼的展厅是相当连贯的。看完二层我们要直接去四层！继续“英国 1760~1900”主题的艺术学习。这样你才能完全避开所谓的前一眼是罗马雕塑，扭头就看见维尼小熊的风险。变绿君本人也是研究了很久博物馆的平面图才理解陈列意图的。

当然，如果您不在乎艺术史脉络、国别和风格的话，欢迎乱转，因为只要逗留在艺术的殿堂，变绿君相信大家一定能有所斩获。回到“四楼”这个重要的概念，它太重要了，因为这是一个交汇处，一个造型艺术与实用设计艺术的交汇楼层，所以你看完英国艺术就可以漂移到被称为“材料与技艺”的系列展厅，这些展厅按照创作媒材来分配，在四楼的玻璃艺术之后，我们就可以登顶六楼了（五楼是一个讲座大厅），这里是陶瓷与家具展厅。转完六楼，我们就可以愉快地往下去到没有玩转的楼层。最后，在一楼完成材料主题系列的观赏，现在你会不会偶感自己天生神力能致富？十八般武艺皆通，可以做家具、当锁匠、烧陶瓷，甚至吹玻璃！这想必也是一个正宗绅士所需要了解的。

接下来，变绿君要为大家揭秘该博物馆最戏剧化的部分了。“什么叫戏剧化”？“严肃的博物馆怎么会有戏剧化的时刻”？那是你太天真了，V&A 博物馆最好玩的是展出了大量仿制品，不用谩骂跳脚，这不同于一些私人艺术馆的以假乱真，而是给学者们创造一个更为逼真的研究环境，如果你知道图拉

V&A 入口大厅的穹顶

真柱的话，如果你知道罗丹的话，如果你还知道 Giovanni Pisano 的布道坛的话。在这里你可以看到一个绅士对于学习以及探索的热情，这简直是皇太子读书的条件，当然了，这也是阿尔伯特亲王自己的研习治学方式。

在看展中途你觉得累了，我们可以在中央的绿洲花园来上一杯咖啡外加一个“英国创造”三明治。好的，走到这里，你已经修完了一个 19 世纪标准绅士的一生的功课，请出门左转，到萨维尔街去选购一顶能藏下几只鸽子和大把玫瑰的礼帽吧。

V&A 吸引变绿君关注的，除了维多利亚和阿尔伯特的故事以及那个绅士风度的时代，馆内的摄影收藏也值得大书特书一番。据英国《卫报》今年

v&a 建筑中间的大水池和广场

左 / 施蒂格里茨，《谢尔顿酒店向西侧看，纽约》
右 /《华尔街》，斯特兰德的早期作品。

早春的报道，位于布拉德福德的英国国家媒体博物馆（简称 NMM）将超过 40 万件摄影艺术藏品转移至 V&A 博物馆，这不仅仅对两家重要机构具有历史性意义，更使得 V&A 博物馆成为世界上最大的摄影艺术收藏机构。此次转移的如此大体量的摄影艺术藏品来自英国皇家摄影学会收藏，囊括了自摄影术发明并发展至今近 200 年历史的珍贵作品，其中包括很多摄影大师的具有重要意义的名作，例如英国先锋摄影师、负片 / 正片摄影过程的发明者威廉・亨利・福克斯・塔尔博特（William Henry Fox Talbot）和受拉斐尔前派影响深远的人像摄影师朱丽亚・玛格丽特・卡梅隆（Julia Margaret Cameron），还有安塞尔・亚当斯（Ansel Adams）、爱德华・斯泰肯（Edward Steichen）和保罗・斯特兰德（Paul Strand）等 20 世纪美国摄影史上最为重要的摄影大师名作。此外，世界上第一张负片、多幅银版摄影以及早期彩色摄影和 8000 架照相机都将一同被转移至 V&A 博物馆目前总量 50 万张摄影作品的馆藏体系中。

**Tip: 英国皇家美术馆**

时间：周一至周四 10:00AM–6:00PM，周五至周日 10:00AM–10:00PM。
地址：Piccadilly site:Burlington House， Piccadilly，London W1J 0BD
Burlington Gardens site:6 Burlington Gardens，London W1S 3ET
地铁站：Piccadilly Circus，Green Park， Oxford Circus，Bond Street
网站：https://www.royalacademy.org.uk/

## 像一棵树，根植于“专业”

# 4 英国皇家美术馆

99% 的天朝人民，提到“RA（the Royal acdemy of arts）”，第一反应是这是一所高不可攀的学校，因为连百度百科和 360 百科都对此深信不疑。所以一帆再三强调，要求变绿君一定要讲清楚，这是一所学校，但这不仅仅是一所学校。它被我们果断地划分在了伦敦的博物馆与美术馆一类，它本身还是一家地地道道的美术馆！一家门票费高得惊人的美术馆！一家因为其专业力量绝不向国家意志与政治力量妥协的公益美术馆！

我们先来考察一下它的历史，皇家美术馆是英国最具威望的艺术研究机构，1768 年由乔治三世创办，他的初衷是在英国通过教育和展览促进艺术设计的发展。具体而言是通过建立健全培训制度和专家判断的艺术，提高艺术家的职业地位，并安排时兴的展览，提倡一种适当的“卓越”标准，换句话说就是界定什么是较为优秀的具有时代性的作品。在皇家美术馆建立之初，英国本土的艺术生态很荒凉，主要以欧洲大陆的审美标准以及古典趣味为标准。后来出现了一个神奇的喜爱画画的人，名叫威廉·贺加斯，他从 1746 年开始办了家弃儿医院，为当时的英国本国艺术家提供了一个早期创作发展的场所。他的大致经营方式就是邀请艺术家朋友们来孤儿院举办小型展览和其他社交活动，出售作品换来经费支持孤儿院与艺术家自己。以贺加斯的孤儿院为先声，皇家艺术院在接下来的时间里，主导了 18~19 世纪的艺术，取代了之前的艺术生态以及欧洲大陆的审美情趣。

著名建筑师威廉·钱伯斯爵士，依靠皇家赞助和财政支持，于 1768 年设计建造了艺术研究院。画家 Joshua Reynolds 为第一任“院长”。弗朗西斯·米尔纳牛顿任第一书记。皇家艺术院最初被关在蓓尔美尔街一处狭小的驻地，接着它在 1771 年被临时安置在萨默塞特宫，然后，研究院在 1837 年搬到特拉法加广场，它占据了最近完成了的东翼国家美术馆（由另一个院士威廉·威尔金斯主持）。但是一山难容二虎，1868 年，研究院最终搬到伯灵顿在皮卡迪利大街上的房子，直到今天。

基于一帆和变绿君强烈推荐大家去参观这家美术馆，所以先解释一下它昂贵票价的原因。皇家艺术院不接受国家的财政支持或皇室资助。其收入主要从展览、信任和捐赠基金中得来，还有接受工商企业的基金赞助。其中，展览票价成为很重要的收入来源之一！但是，不要被他们这种态度吓跑，因为少了各种名义的扶持与赞助计划，观众被摆在首要位置，这些前提都导向一点——专业，为了对得起观者的票价，他们真真拿出吓得一帆和变绿君肾上腺狂飙的好展览。

买完扎实昂贵的门票后，就可以进去逛展览了。变绿君不知道各位看官会遇到什么有意思的展览，但是在看展之余有几件暗藏在建筑物及周围的经典项目是大家不可忽视的哦。

墙壁和天花板的绘画（Wall and ceiling paintings）：建筑物的墙壁和天花板由本杰明·韦斯特和安吉里卡·考夫曼所画，它们以前的建筑在萨默塞特宫，现在则出现在入口大厅。这些作品之所以重要，实则与当时一个社会热点有关。皇家美术学院当时一个极大胆的决定——招收女学生，但是却拒绝女学生参与人体写生。于是考夫曼等心系艺术的天才们便将兴趣集中在经典创作，天花板上的小圆盘，则用隐晦而深刻的象征手法表达了艺术创作的要素，包括布局、构思、色彩以及创意。

米开朗基罗的塔代伊圆形浮雕（Michelangelo's Taddei Tondo）：米开朗基罗的塔代伊圆形浮雕是协会最宝贵的收藏，由乔治·博蒙特爵士留给学院。圆形浮雕现在被放在塞克勒翼（Sackler Wing）的一个专门区域。该浮雕刻于1504 ~ 1506年间，在弗洛伦斯，它同时也是米开朗基罗在英国唯一的大理石作。

战争纪念碑（War memorials）：在学院入口的门廊有两个战争纪念碑。第一个是纪念在一战中伤亡的学院成员，第二个纪念的是2003名艺术家步枪成员在二战中的丧生。艺术家步枪首次成立于1860年，总部在柏林顿的房子。艺术家步枪的四位成员曾当选皇家艺术学院校长。艺术家步枪则是英国陆军的一个预备役哦！

软木街（Cork Street）：软木街道是伯灵顿的一部分，始于18世纪。第一位伯灵顿伯爵是理查德·博伊尔伯爵(1612 ~ 1698)。开始时，软木街以时尚与缝纫出名，领先伦敦裁缝的裁缝店施韦策和戴维森就位于软木街，20世纪初开始，这里成为艺术世界。看完RA依然精力充沛的各位不妨去这条街转转。

在RA举行的版画交易会

RA
In the Age of
Giorgione
The
London
Print
Fair

## 5 国家肖像馆

英国国家肖像馆（National Portrait Gallery）在美术馆中颇为特别，它收藏作品不以作品的艺术境界为标准，而以画面人物的有名程度为准，哪怕作品艺术成就不突出，只要它在反映某位历史名人的肖像方面无可替代，也会被纳入艺术珍品。在这里，你不仅能体验到浓厚的艺术气息，还能了解英国历史文化，更能熟悉英国历史名人。此馆建立的宗旨就是为了保存对国家有杰出贡献的人的肖像，而今国家博物馆馆藏作品众多，光是 18 世纪 40 年代至今的原始照片就有 25 万多张，藏品有绘画、雕塑、照片、装置多种形式。

阿尔弗雷德 · 罗德 · 丁尼森

**Tip: 国家肖像馆**

票价：免费（特展收费）
开放时间：平时 10:00PM-6:00PM，
周四至周五 10:00AM-9:00PM
地址：St Martin's Place，London，WC2H 0HE
最近地铁站：Charing Cross，Leicester Square
网站：http://www.npg.org.uk/

上 / 国家肖像馆外观
中 / 国家肖像馆内的人像雕塑
下 / 国家肖像馆内的人像收藏

## 读懂你的灵魂 故能画出你的双眼

它地处伦敦市中心的特拉法加广场，南侧是国家美术馆（National Gallery），国家肖像馆内有餐馆、纪念品店和书店，能买到一些介绍英国历史的书籍。这座肖像馆为配合周围的环境，低调地出现在纪念特拉法加海战的广场旁边，但佛罗伦萨文艺复兴风格的建筑外观却格外吸引人，建筑的设计出自尤恩克里斯汀 (Ewan Christian，1814 ~ 1895) 之手，由慈善家亚历山大出资修建，1896 年正式开放。在此之前，国家肖像馆还没有特定场馆，作品在西敏寺和英国皇家园艺学会大厦里展出和存放。新修的国家肖像馆大门上方有三块人物浮雕，中间雕刻的是国家肖像馆的创始人菲利普·亨利·斯坦爵士（Philip Henry Stanhope，1805 ~ 1875），在他的倡导下，国家肖像馆在 1856 年 12 月 2 日得到议会批准建立并向公众开放，左右两边雕刻的是他的鼎力支持者托马斯·巴宾顿·麦考莱（Thomas Babington Macaulay，1800 ~ 1859）和托马斯·卡莱尔（Thomas Carlyle，1795 ~ 1881）。斯坦出任第一位馆长，他提出建立国家肖像馆就是为了"建立一个由肖像组成的画廊，尽最大的努力去纪念那些为英国做出过卓越贡献的人们"……在他之后的管理者继续扩大国家肖像馆的收藏和展示规模，临时展的设计也新添了不少有趣的主题，如变绿君到此几个月前，国家肖像馆就在举办奥黛丽·赫本专展。

国家肖像馆有三层展览空间，一楼是近现代名人肖像展厅和临时展厅，不断更换有新的特展出现；二楼是维多利亚时代及 20 世纪早期的肖像作品。在三楼，你可以一睹从都铎王朝（the Tudors）一直到 19 世纪早期的王公贵族的风采，观者可从展厅中央搭电梯直达顶楼，从三楼开始参观，一层层往下，从古

亨利八世

代慢慢跨越到现代，浏览一遍英国的历史名人，感受从古至今肖像艺术的发展流变。比较著名的作品有三楼的16世纪的亨利四世（国家肖像馆收藏的最早的肖像画）、伊丽莎白一世和莎士比亚（《莎士比亚像》可以说是国家肖像馆的第一流藏品，由前国家画廊理事埃尔斯米尔勋爵捐赠），17世纪的查理一世、奥利弗·克伦威尔、18世纪的克里斯托弗·雷恩爵士和19世纪的威廉·华兹华斯、拜伦、简·奥斯丁；二楼维多利亚时期的维多利亚女皇、查尔斯·狄更斯和勃朗特姐妹、20世纪的伊丽莎白二世、戴安娜王妃、丘吉尔、维吉尼亚·伍尔夫、披头士乐队、奥黛丽·赫本和费雯·丽；一楼长期展出史蒂芬·霍金、大卫·鲍伊和查理·布兰森等。你可以欣赏他们衣着的华丽，感叹艺术家的精细画技，端详他们的面容，揣度他们的个性和经历，进而感叹是什么铸造了历史，形成了世界的今天。

如果你对某个人物特别感兴趣而又找不到他的肖像，没关系，二楼和一楼之间的电子数据库可帮你解决，在此可以查询到馆藏的所有肖像的背景介绍、馆藏的位置及编号。

上 / 赫本
中 / 披头士乐团
下 / 霍金

STUARTS
1603–1714
ROOM
Early Stuart Britain
Charles I and the Civil War
Science and the Arts
Charles II: Restoration of the Monarchy
The later Stuarts

THE VICTORIANS
20TH CENTURY
CONTEMPORARY

# Part 4 带一片艺术回家

精致橱窗，华美衣衫，珠光璀璨，丰盛的下午茶。伦敦的节奏在艺术的氤氲笼罩下，独具风味，摄人心魄。旧时的贵族还在玩着奢靡的游戏，而现代的人们穿着新季的时装准备去啜饮一口咖啡。在这里，不论是历史先贤、著名画家、文坛大师，还是默默无闻的艺术家，每一个人，都是伦敦不可缺少的情愫，他变得更像伦敦，伦敦也变得更像他。你会不会想留住这样的伦敦，哪怕一小会。带一片艺术回家吧，珍藏你心目中的伦敦。

1

# 伦敦画廊走马

## 01/ 蛇形画廊

说起蛇形画廊，首先想到的大概是“游客乱入”，第二便是“够地道”。事实上蛇形画廊在中国第一本介绍英国艺术的书籍《英国艺术史话》中就登场了，它的两个当代艺术画廊分布在伦敦市中心的肯辛顿公园和海德公园，包括蛇形画廊（Serpentine Gallery）和蛇形画廊赛克勒（Serpentine Sackler Gallery），它们彼此的距离是在 5 分钟的步行路程之内，通过蛇形湖（Serpentine lake）上的桥连接。这两个弹丸之地的展览、建筑、教育和公共项目却能吸引一年 120 万人次的游客。其实有不少观众，本来只是到伦敦这

**Tip: 蛇形画廊**

票价：免费（特展收费）
开放时间：周二－周日 10:00AM-6:00PM，周一闭馆。
地址：Kensington Gardens， London W2 3XA
最近地铁站：Charing Cross， Leicester Square
网站：http://www.serpentinegalleries.org/

左 /Olafar Eliasson
与斯诺赫塔建筑事务所“自旋”
右上 / 藤本北介与蛇形画廊
合作项目“云”
右下 / 让 · 努维尔的红馆

## 艺术
## 生活的后花园

大名鼎鼎的海德公园一游，结果走着走着发现一座建筑物——“免费？搞艺术？进去看看好了”，然后就愉快地掏出手机“咔咔咔”了。

那么为什么蛇形画廊够地道呢？当然每次开幕有包括抖森、本尼一堆英国明星助阵不说，蛇形展示馆（Serpentine Pavilion）本身就相当吸引人，很有现代英国青年气质。首先，他们很爱“乱搞”自己咖啡厅。从 2000 年开始，画廊每年都与不同的建筑师合作，给美术馆外的咖啡厅来个大变身。

2013 年，画廊与日本建筑师藤本壮介（Sou Fujimoto）合作，使用白色钢

左 /《512 小时》阿布拉莫维奇和观众
右 /《512 小时》的观众

条和玻璃板打造不规则空间，如果你脚力够好，还能爬到最顶处喝咖啡呢。变绿君不由得深深感叹：艺术让生活变得真美好啊！

2012 年，Herzog & de Meuron 建筑事务所和艾未未共同设计。艾未未是诗人艾青的儿子，很多非艺术圈的人也都有耳闻。顺利完成“走出去”的大计划。一帆提醒说这位仁兄在好多艺术博物馆都有周边产品的专区，俨然一副中国艺术招牌的样子，让人觉得意味深长。

再来看看“绝对地道”的展览，画廊的两个展馆联袂，有时也闹分手，看展览需要，以为期 3 个月的精致小展为主。展览通常存在互动模式，还往往带有暗黑的意味，很有英国“摇摆一代”的遗风。说几个近年让变绿君亮灯的展览：

2014 年 Marina Abramovic: 512 Hours @ Serpentine Gallery，去年夏天，著名行为艺术家阿莲娜·阿布拉莫维奇在此展出了为期 64 天的行为艺术作品《512 小时》。大婶穿着她的经典黑色长袍，与她的助手们共同为观众构建一个与繁华都市彻底隔绝的缓慢空间。场内如死寂般宁静，气氛相当诡异，有人在窃笑，有人却默默地对着墙角啜泣。如果你对大婶的印象，还停留在她年轻时的狂野，你应该来和她一起度过 512 小时中的 1 个小时，感受她如今格外宁静的心境。大婶如此的美丽、感性，她本身就是一件艺术品。

2013-2014 年 Jake and Dinos Chapman: Come and See @ Serpentine Sackler Gallery，英国艺术家 Chapman 兄弟用数千个精致的小模型呈现残酷的战争场面，抨击纳粹，戏虐消费主义，吸引足了人们眼球。当 BBC 纪录片“艺术家整天都在干嘛（What Do Artists Do All Day）”，里面有一集介绍哥俩，有兴趣可以翻看。

2013-2014 年 Wael Shawky: Myths and Legends @ Serpentine Gallery，展览以展示埃及艺术家 Shawky 的木偶及全木偶拍摄的十字军东征主题电影为主。据同道（艺术道）中人表示，他那天坐在黑暗的画廊地上看了一个下午的电影。

最后是一帆超爱“书店与纪念品店”，蛇形画廊两个馆分别有书店及纪念品商店。书店售卖各种艺术类书籍，常年有打折画册。我不会告诉你一帆在这家小书店烧了多少钱……对了还有 Magazine Restaurant，如果你钱包鼓鼓，看完展览后可以来 Serpentine Sackler 隔壁的这家餐厅喝一杯，餐厅由著名建筑师设计，他们家酒单不错。

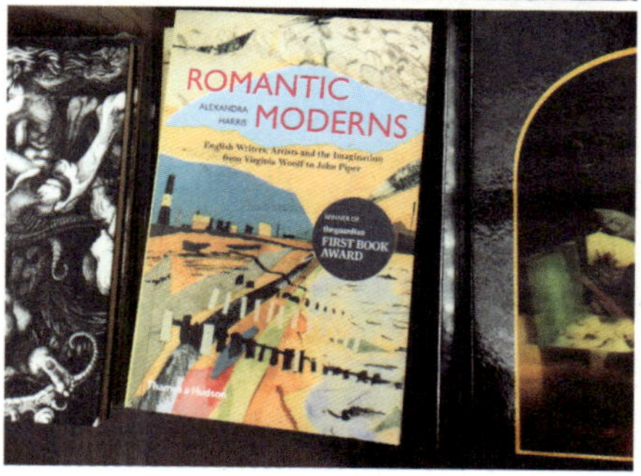


上 /Michael Craig-Martin 的展览
中 /Hilma Af Klint 的展览
下 / 蛇形画廊里书店的杂志

WHITE CUBE

## 02/ 白立方

由英国艺术经纪人杰伊·乔普林（Jay Jopling）1993 年创立的白立方画廊（White Cube Gallery）最初设址于英国伦敦詹姆斯区公爵街（Duke Street，St James）44 号二层。立于伦敦西区最传统的艺术交易街上，首家白立方画廊由享誉世界的极简主义建筑大师克劳迪欧·西尔伟斯特林（Claudio Silvestrin）操刀设计，空间非常大，光线美，适合当代艺术作品展示，是欧洲最具影响力的商业画廊之一。最初的画廊理念是受艺术家沃尔特·德·玛丽亚 (Walter De Maria)1977 年纽约作品 Earth Room 影响，矢志为一位艺术家提供可展示单件重要作品或一系列作品的紧凑聚焦空间，并于创办之初规定一位艺术家只能展出一次，从不重复。

画廊名称来源于爱尔兰艺术家和作家布莱恩·奥多尔蒂（Brian O’ Doherty）1976 年发布于《艺术论坛》上的文章“白立方体内：画廊空间的意识形态”（Inside the White Cube: Ideologies of the Gallery Space），作者奥多尔蒂是第一位明确面对战后艺术危机的评论人，并就经济、社会环境以及美学在艺术画廊争议空间中体现之间错综复杂的关系提出艺术家如何必须在画廊空间和体系中诠释个人作品的问题。他在文中还深入探讨了在将现代画廊空间设计为中立区域——白色立方体的背后，是将空间成就为艺术品的一部分并赋予展览空间深层之美的意图。奥多尔蒂也揭示了画廊空间的重要性不仅仅是白立方体还有历史的特殊构造，目的在于热切关注艺术。

自成立以来，白立方画廊也因为多位英国青年艺术家和国际艺术家举办展览而声名鹊起，其中包括弗朗茨·阿克曼 (Franz Ackerman)，翠西·艾敏 (Tracey Emin)，卡塔琳娜·弗里奇（Katharina Fritsch），达米安·赫斯特 (Damien Hirst)，埃尔斯沃思·凯利（Ellsworth Kelly），杉本

**Tip: 白立方**

白立方伯蒙德 :144~152 伯蒙德街，伦敦，SE1 3TQ
电话 :+44（0）207 930 5373
开放时间 : 周二至周六 10:00AM–6:00PM
星期日 12:00AM–16:00PM
白立方梅森的院子 :25 ~ 26 梅森的院子 伦敦 SW1Y 6BU
电话 :+44（0）207 930 5373
开放时间 : 周二 ~ 周六 10:00AM–6:00PM

左上 / 陶罐
左下 /Josiah McElheny 的展览
右 /white cube 偌大的展示空间

博司（Hiroshi Sugimoto），吕克·图伊曼斯 (Luc Tuymans) 和杰夫·沃尔（Jeff Wall）等等。

2000 年 4 月，白立方画廊新址在伦敦东区霍斯顿广场建成，并成为该区域第二大画廊。由著名的 MRJ 朗德尔联合工作室及画廊设计机构（MRJ Rundell & Associate）在原 20 世纪 20 年代轻工业建筑基础上改造而成，展览空间由此扩大到 2000 平方英尺。2006 年 9 月在距画廊原址不远的梅森苑（Mason' s Yard）新白立方画廊开幕，在原有电力分站基础上，MRJ 朗德尔联合工作室及画廊设计机构打造了英国伦敦詹姆斯区过去 30 年首栋独立建筑并且展示空间达 5000 平方英尺。位于伯蒙西（Bermondsey）

的白立方画廊是伦敦三间画廊中最大的一家，由卡斯帕尔·穆勒·尼尔建筑事务所（Casper Mueller Kneer Architects）设计的画廊包括三个主要展厅、大型仓库、私人观览室、60人座演讲厅和书店。南画廊(South Gallery)主要承办白立方扩展计划中的重要展览，统称为北画廊（North Gallery）的三个小展场以新锐展览项目为主，配合新推出的 Inside the White Cube 项目，展出未曾在画廊举办过展览的艺术家作品，为业界提供了国际当代艺术交流发展的平台。此外在建筑中心，还设有名为“9×9×9”占地约 81 平方米的展厅。2012 年 3 月 2 日，白立方画廊首家海外分馆落脚中国香港中环，并以世界著名艺术家 Gilbert 及 George 的一系列名为“The London Pictures”的作品揭幕。另一家在巴西的圣保罗。

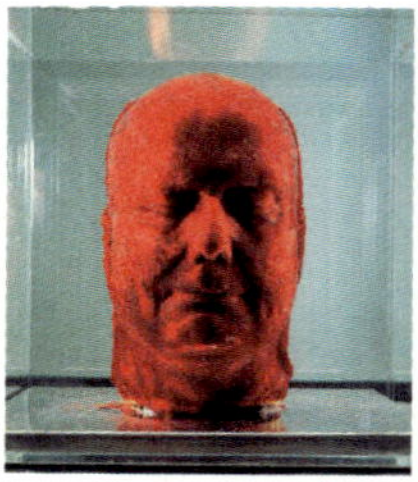
马克 · 奎恩的雕塑 Self

讲完画廊的硬件，再来看看精神创始人 Jopling 的经历。总的来说，他在艺术圈中经历了三个非常重要的 10 年。他是保守党派政治家 Baron Jopling 的儿子，他在十几岁时就发展起了对艺术的兴趣，当他还在伊顿上学时，就读起了吉尔伯特与乔治（Gilbert and George）作于 1974 年的《Dark Shadow》。“他的确很热爱艺术，对艺术充满了巨大的热情。”文化评论家 Michael Bracewell 说。 他后来在爱丁堡大学学习艺术史，当时还飞到纽约说服包括朱利安·施纳贝尔（Julian Schnabel）和让·米歇尔·巴奎斯特（Jean-Michel Basquiat）等在内的艺术家参加了一场慈善拍卖会。据说，他还曾做过推销防火设备的副业，通过往自己的袖子上喷火来演示这些设备的效力。

上世纪 80 年代，Jopling 搬到伦敦之后，他与当时兴起的 YBAS（Young British Artists）产生了某种不可解开的联系。他那时的女朋友——加州时装设计师 Maia Norman（赫斯特的现任女朋友，并且为赫斯特生了三个孩子）把他介绍给了达明安·赫斯特，他和 Maia 在他自己的公寓里举办了一场传奇般的晚宴，包括马克·奎恩(Marc Quinn)——这也是白立方画廊目前代理的艺术家——等在内的 YBAS 参加了这场派对。赫斯特和奎恩后来为 Jopling 提供了两笔最赚钱的买卖：赫斯特的鲨鱼作品“The Physical Impossibility of Death in the Mind of Someone Living”以及奎恩用自己凝固了的血液创作的雕塑“Self”。

PUSH
CCTV in operation
Own art
Available here
Vintage Yard

## 03/ 苏富比

在伦敦的梅费尔区（Mayfair）有 17 栋建筑：古老的私人宅邸、维多利亚时代的大屋、拥有 18 世纪藏酒的酒行以及一些艺术画廊，它们组成了一片别致的建筑群。世界上最负盛名的拍卖行之一——苏富比（sotheby' s）的伦敦总部便位于此处。提起这个名字大多数人

**Tip: 苏富比**

地址 :34~35 New Bond St，London W1A 2AA
电话 : +44 20 7293 5000
官方网站 :http://www.sothebys.com/en.html

应该不陌生，毕竟亚洲四小龙之一的香港有过一段这样的时期，富豪们都以见面寒暄时提到自己在苏富比所拍下的艺术品为乐。这种“豪”不是没有技巧的，要知道苏富比还有一家亦敌亦友的亲密伙伴叫佳士得。但是在各种经济危机的拖累下，这两家拍卖行业的“老司机”选择了不同道路。用句“半行话”形容是“在佳士得购买有种开福特家常的感觉，而苏富比，是永远的保时捷”。

在新邦德大街 34~35 号，大家可以看到一尊玄武岩制作的塞克荷迈特雕像。这个狮头埃及女神像成品于公元前 1300 年，它悬立于苏富比的双开大门之上，标志着这家拍卖行的格调：在这里，我们只出售奇珍异宝。数千米的楼梯连接了苏富比内部的各个场所，开阔的展厅、办公室、专业资料室以及预留给私人洽购的隐蔽房间。如果想要进入最为尊贵的房间，就必须出示身份，在电子锁上留下指纹。这里充满了低调与谨慎。在底楼新开的餐厅里，来往着几位上流社会的女性、行内人士、梅费尔的艺术商人、刚刚被雇用的年轻毕业生，以及彼得·保罗·鲁本斯、安迪·沃霍或者列奥纳多·达·芬奇的作品专家。

1744 年 3 月 11 日，拍卖行创始人塞缪尔·贝克（Samuel Baker）出售了 457 份约翰·史丹利爵士（John Stanley）所收藏的手稿和书籍，以 826 英镑成交。

左 / 苏富比楼道里的藏品
右上 / 拍卖前的作品展览
右下 / 拍卖宣传的册子

这是苏富比拍卖行的第一笔交易。1778年，塞缪尔·贝克这位先驱过世之后，他的一位外甥约翰·苏富比（JohnSotheby）继承了拍卖行的生意。

在之后长达两个半世纪的岁月里，苏富比拍卖行通过一系列无与伦比的漂亮买卖，延续着商业和艺术世家的传奇：1823年拍出了拿破仑一世在圣赫勒拿岛的藏书；1884年拍出了由波提切利绘制插画的但丁《神曲》；1928年拍出了路易斯·卡洛尔送给爱丽丝·利德尔（正是她激发了卡洛尔创作该童话的灵感）的《爱丽丝梦游仙境》原稿；1937年在莱昂内尔·内森·德·罗斯柴尔德男爵的住所——皮卡迪利街148号——拍出了男爵所收藏的几幅画作；1968年，卡地亚以105万美元的价格拍下了一枚69.42克拉的钻石，这是公开拍卖中第一枚价值达到100万美元的钻石。凡·高、沃霍、鲁本斯、弗美尔、法贝热、培根、贾科梅蒂、德·库宁，还有杰奎琳·肯尼迪的财产，比安卡·贾格的收藏，画家克林姆、利希滕斯坦和米罗的作品……都曾在苏富比被历史性地“一锤定音”。直到2012年，蒙克的《呐喊》最终以近1.2亿美元的价格打破了拍卖历史的纪录！

苏富比的开拓、扩张以及全球化发展战略已经取得了骄人的成绩。如今，苏富比在世界范围内拥有9家拍卖所：纽约、伦敦各一间，欧陆地区分别在巴黎、日内瓦、米兰和苏黎世，亚太市场有香港和北京，中东和北非地区则有多哈分行。苏富比在40个国家设有90个办公室，雇用1577名员工，其中包括各种书虫、国际专家、商人、拍卖估价人、法律专家、侦探等。

左 / 爱德华·蒙克的《呐喊》
右上 / 苏富比外面的拍卖宣传
右下 / 拍卖前展览阿尔布雷特·丢勒的铜版画作品

2007年至2008年的经济危机动摇了艺术市场，但它不过是遥远而糟糕的回忆，真正遭受损失的只有那些经纪人。苏富比10年来一直参与投资活动，服务多样性已经成为了公司的金科玉律。网上“BIDnow”平台让世界各地的人都有机会直接通过网络来观看现场直播，参与拍卖。2013年，在线买家参与竞投的拍品占全部拍品总量的17%。

安迪沃霍尔的版画作品

苏富比还提供全球独一无二的金融服务——为艺术相关活动提供融资：比如为等待拍卖品转让的卖家提供借贷以及为买家提供分期付款服务，它的咨询顾问还可以为国际买卖提供建议。另外，为收藏家们组织私人洽购也是

“重要的中国艺术”主题拍卖的现场

这些年苏富比发展的多元化服务之一。在2005年到2012年间，议标交易额增长了两倍多，从2.72亿美元上涨到了9.06亿美元。

2013年10月10日，苏富比伦敦拍卖行在母公司对面的圣乔治大街31号创立了S/2画廊。它由大卫·科恩建筑事务所（David Kohn）设计，用于当代艺术品的展售。其开幕展作品来自20世纪最重要的艺术家之一——约瑟夫·博伊斯。这种画廊展售概念早有成功的先例。2011年和2012年，苏富比分别在纽约和香港创建了画廊。通过画廊的展售，原来只有在每年的主题拍卖会上才得以一见的珍品可以在画廊完成交易。在纽约S/2画廊里，苏富比史无前例地拍卖出6件山姆·弗朗西斯和凯斯·哈林的作品。在位于香港太古广场六楼的画廊里，草间弥生的作品也是在极短的时间内就被买走。2013年7月展出的日本浮世绘春宫图和日本折纸收藏也延续了这样的趋势。

当然，这里所讲的只是苏富比的一小段花边，对于这样一个拍卖界的航母，变绿君时常觉得自己是拉住上帝的衣角，而他依旧步伐稳健。

左 / 安迪沃霍尔的版画作品
右 / 草间弥生作品

## 04/ 巴比肯艺术中心

英国巴比肯艺术中心是欧洲规模最大的多元艺术中心，曾被伊丽莎白女王赞誉为“现代世界的奇迹”。作为世界级艺术学习组织，巴比肯的特点应该可以概括为“全方位”，它提供的是一种浸泡式的艺术体验，现在的巴比肯艺术中心包括一个中心音乐厅、两个剧院、三个电影院、两个艺术画廊、一所艺术学院以及一个公共图书馆。

变绿君先简单“百度百科”一下巴比肯中心的由来。“巴比肯”意译为“瓮城”，指的是巴比肯屋村这座庞大的建筑群坐落于

**Tip: 巴比肯艺术中心**

开放时间：周一至周六 9:00AM-11:00PM，周日 10:00AM-11:00PM
地址：Silk Street，London，EC2Y 8DS
电话：+44 020 7638 8891
官方网站：http://www.barbican.org.uk/

伦敦城的一座古城门和相连的城堡的原址上。而于 1982 年建成的巴比肯艺术中心，就外观看它是伦敦“粗野派”建筑的最佳范例，由建筑师张伯伦、鲍威尔与本恩（Chamberlin. Powell and Bon）设计建造，原初目的是改造战后被轰炸摧毁的伦敦。但其“混凝土金字形神塔”的外形一直备受争议。2003 年 9 月，在一项名为“灰色伦敦”的投票中，它成为“伦敦最丑建筑物”的代表。2005 年至 2006 年，建筑师艾福·荷·莫纳汉·莫里斯（Allford Hall Monaghan Morris）对艺术中心再次翻新，改善了中心的流通，并加上了粗犷的标志样式，以配合中心最初的 1970 年的粗野主义结构，成为现在的样子。巴比肯从古罗马时期到莎士比亚时代再到如今，作为艺术和创意中心屹立在着。它也见证了首都悠久的历史，包括 N 多重大事件，如伦敦大火、大瘟疫和第二次世界大战。

在这个“ 天才观众”的时代，好的艺术展览地当然还是要有两把刷子。巴比肯的地位牛皮是吹不出来的，下面就啰唆几个响当当的展览来刺激一下大家，告诉你们什么叫全方位、全明星、精心营造！

左 / 巴比肯中心中的温室
右上 / 门外的宣传
右下 / 大楼外观

虽然“雨屋”作为一件艺术作品，不小心遭遇了中国的“高仿真模拟”技术，已经烂大街地出现在我天朝广大的城乡结合部，但巴比肯艺术中心“雨屋”还是值得一提。2012 年，一个独特的互动式装置，让观众体验到一场不会被淋湿的倾盆大雨。这个装置坐落于曲线画廊，顾名思义，曲线画廊是一个不同寻常的曲面形状空间，游客在黑暗中沿着画廊的曲线行进，在看到雨幕从身前落下之前听到雨落的声音。作为展览的一部分，巴比肯艺术中心还邀请到舞蹈编导韦恩·麦克格雷戈尔和兰登舞蹈团专门为曲线画廊和雨屋创作了一场舞蹈表演，并由作曲家马克斯·里希特配乐。兰登国际的这件“雨屋”亚洲首展在 2015 年 9 月上海的余德耀美术馆，2016 年春将到访北京。

巴比肯中心的外观

上 / 巴比肯中心的建筑外观
下 / 巴比肯中心温室外

这座世界级著名的艺术中心鲜为人知的是，它还藏有一个热带温室。温室中有 2000 多种热带植物、树木以及外来鱼种，四周环绕着台塔的混凝土墙。穿过剧院台塔顶层的大门，迈入一个绿树葱郁、花木繁茂、由玻璃和混凝土包裹的神奇空间，尽览窗外的城市风光。

## 2 毕生所藏供逍遥——艺术家村落与集市

崇尚古典的英国，积累了各种珍奇异宝。所以伦敦有着为数众多的二手市集，其中隐藏着不少质量惊人的古董艺术品。各种新奇的玩物仿佛在诉说着不同的时代故事，随着视线从一个摊位转移到下一个摊位，散发陈旧气息的空间让人像是搭上了一台能随手翻转时空的时光机。集市是英国人的日常生活里最活色生香的一个场景，不同于各大品牌商店，小小的集市里汇聚了世界各地的新奇玩意，“流连忘返”这个词大概就是用来形容这里的吧。

### Jubilee Market 观光必经早鸟市集

时间：每周一 5:00AM-5:00PM
地点：Southampton Street WC2
交通：坐地铁到 Covent Garden，出站后向东走约 10 分钟。
网址：www.jubileemarket.co.uk/

### Alfies Antique Market 影视名人秘密宝地

时间：每周二至周六 10:00AM-6:00PM
地点：13-25 Church Street，Marylebone，London NW8 8DT
交通：地铁 Marylebone 站下车，步行约 10 分钟
网址：www.alfiesantiques.com

### Camden Passage 内行人的古董街

时间：每周三和六 9:00AM-5:30PM
地点：Camden Passage，Islington N1
交通：坐地铁到 Angel 站，出站后向北走约 15 分钟。
网址：www.camdenpassageislington.co.uk/

## Brick Lane 时尚复古翻新地

时间：每周日 9:00~ 17:00
地址：Brick Lane Shoreditch E1 6PU
交通：从 Liverpool Street 地铁站走出 5 分钟。
网址：www.visitbricklane.org/

## Old Spitalfields 伦敦最棒市集

时间：每周四 9:00AM-5:00PM
地点：16 Horner Square Spitalfields E1 6EW
交通：从地铁 Liverpool Street 站出来走 5 分钟。
官网：www.oldspitalfieldsmarket.com/

## Bermondsey Market 周末限定旧物早市

时间：每周五 6:00AM-12:00AM
地点：Bermondsey Square Bermondsey London SE1 3UN
交通：坐地铁 London Bridge 站走路 10 分钟。
网址：www.bermondseysquare.co.uk

## Grays Antique Market 隐身街后的古董精品市场

时间：周一至周五，10:00AM-6:00PM/ 周六 11:00AM-5:00PM
地点：Grays Mews， 1-7 Davies Mews， London W1K 5AB
交通：位于 Bond Street 地铁站附近。
网址：www.graysantiques.com/

## Portobello Market 世界最大古董露天市场之一

时间：周一至周五部分营业 / 周四 9:00AM-1:00PM/ 周六 8:00AM-16:30PM
地址：Portobello Road W10/W11
交通：地铁站 Notting Hill Gate/Labroke Grove 皆可走到。
网址：www.portobellomarket.org

JACK'S
BAKERY
IN THE
TEA ROOMS
AND MORE

# Part 5
# 只是特别特别留恋

今天天气很好，
这，
也许，
就是所谓的伦敦天吧。
我们如此遇到，
也这样分开。

微信
变绿君
你伦敦行掏心窝子的话，有什么？快说给我听听，在写最后的感言。
没有什么特别的，就是：慢慢看！一次看不完去两次！看个够够的，还有想买什么纪念品赶紧下单，回国买不到又后悔，还要让别人代购！
推荐帆布袋！印刷质量不要太好，特别是 national gallery！
还有呢？
别的就是多穿衣服，好冷好冷～然后就是避开周末高峰，平时看展可以一个人拥有一整个美术馆。
伦敦给你的印象怎样？
每天都有看不完逛不完的地方，除了东西难吃之外，都很完美。

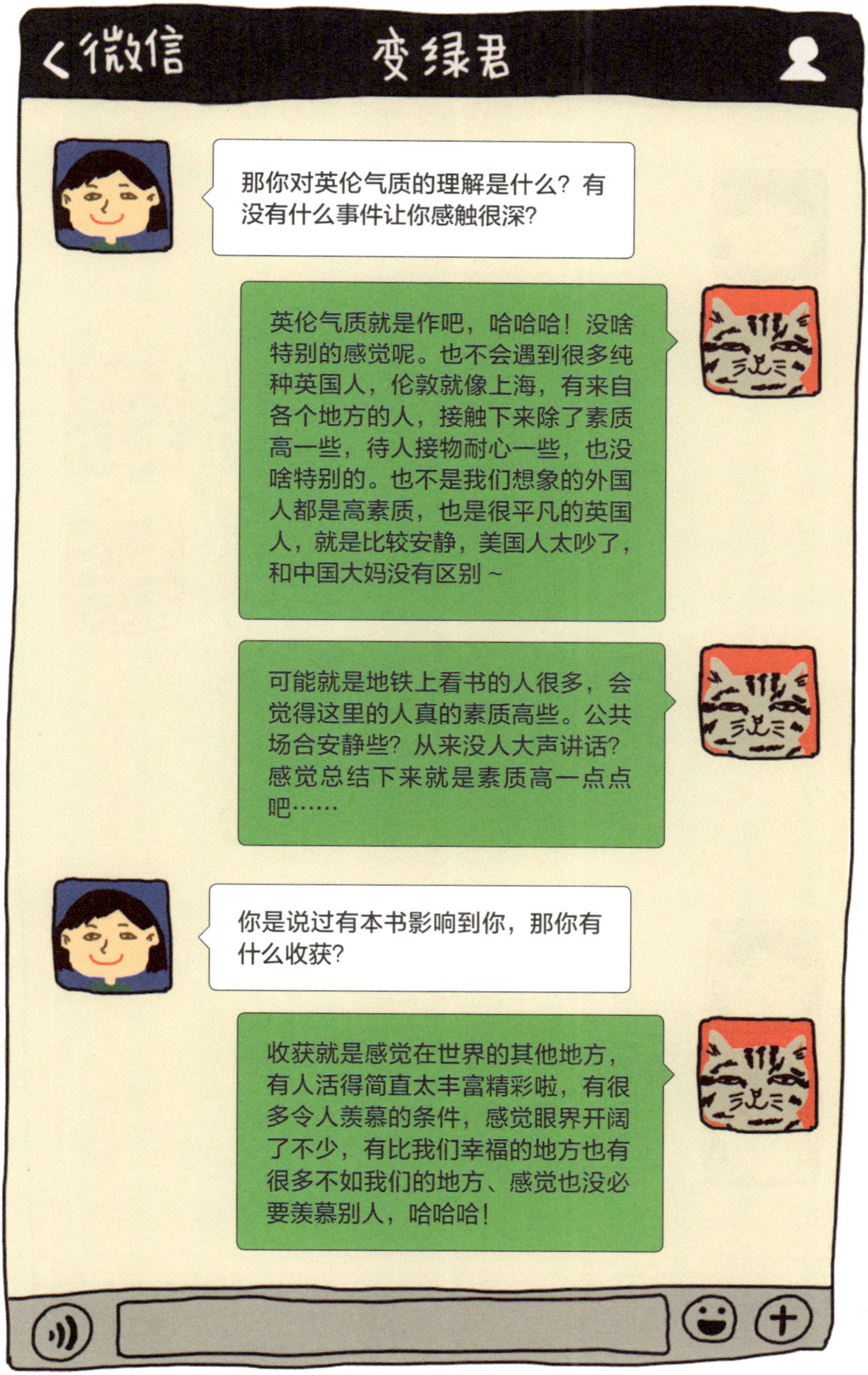

<微信
变绿君
那你对英伦气质的理解是什么？有没有什么事件让你感触很深？
英伦气质就是作吧，哈哈哈！没啥特别的感觉呢。也不会遇到很多纯种英国人，伦敦就像上海，有来自各个地方的人，接触下来除了素质高一些，待人接物耐心一些，也没啥特别的。也不是我们想象的外国人都是高素质，也是很平凡的英国人，就是比较安静，美国人太吵了，和中国大妈没有区别~
可能就是地铁上看书的人很多，会觉得这里的人真的素质高些。公共场合安静些？从来没人大声讲话？感觉总结下来就是素质高一点点吧……
你是说过有本书影响到你，那你有什么收获？
收获就是感觉在世界的其他地方，有人活得简直太丰富精彩啦，有很多令人羡慕的条件，感觉眼界开阔了不少，有比我们幸福的地方也有很多不如我们的地方、感觉也没必要羡慕别人，哈哈哈！

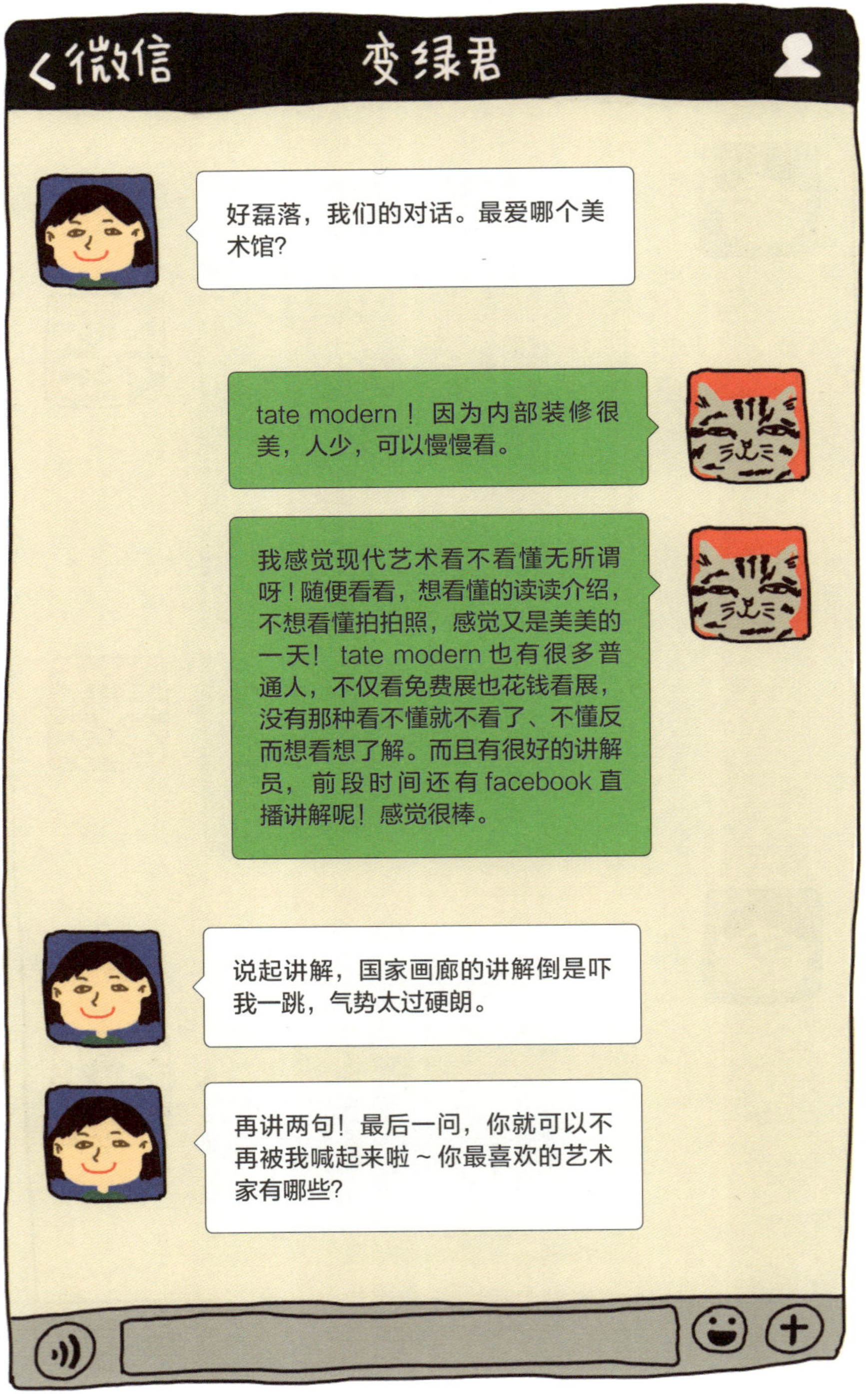

<微信
变绿君
好磊落，我们的对话。最爱哪个美术馆?
tate modern！因为内部装修很美，人少，可以慢慢看。
我感觉现代艺术看不看懂无所谓呀！随便看看，想看懂的读读介绍，不想看懂拍拍照，感觉又是美美的一天！ tate modern 也有很多普通人，不仅看免费展也花钱看展，没有那种看不懂就不看了、不懂反而想看想了解。而且有很好的讲解员，前段时间还有 facebook 直播讲解呢！感觉很棒。
说起讲解，国家画廊的讲解倒是吓我一跳，气势太过硬朗。
再讲两句！最后一问，你就可以不再被我喊起来啦～你最喜欢的艺术家有哪些?

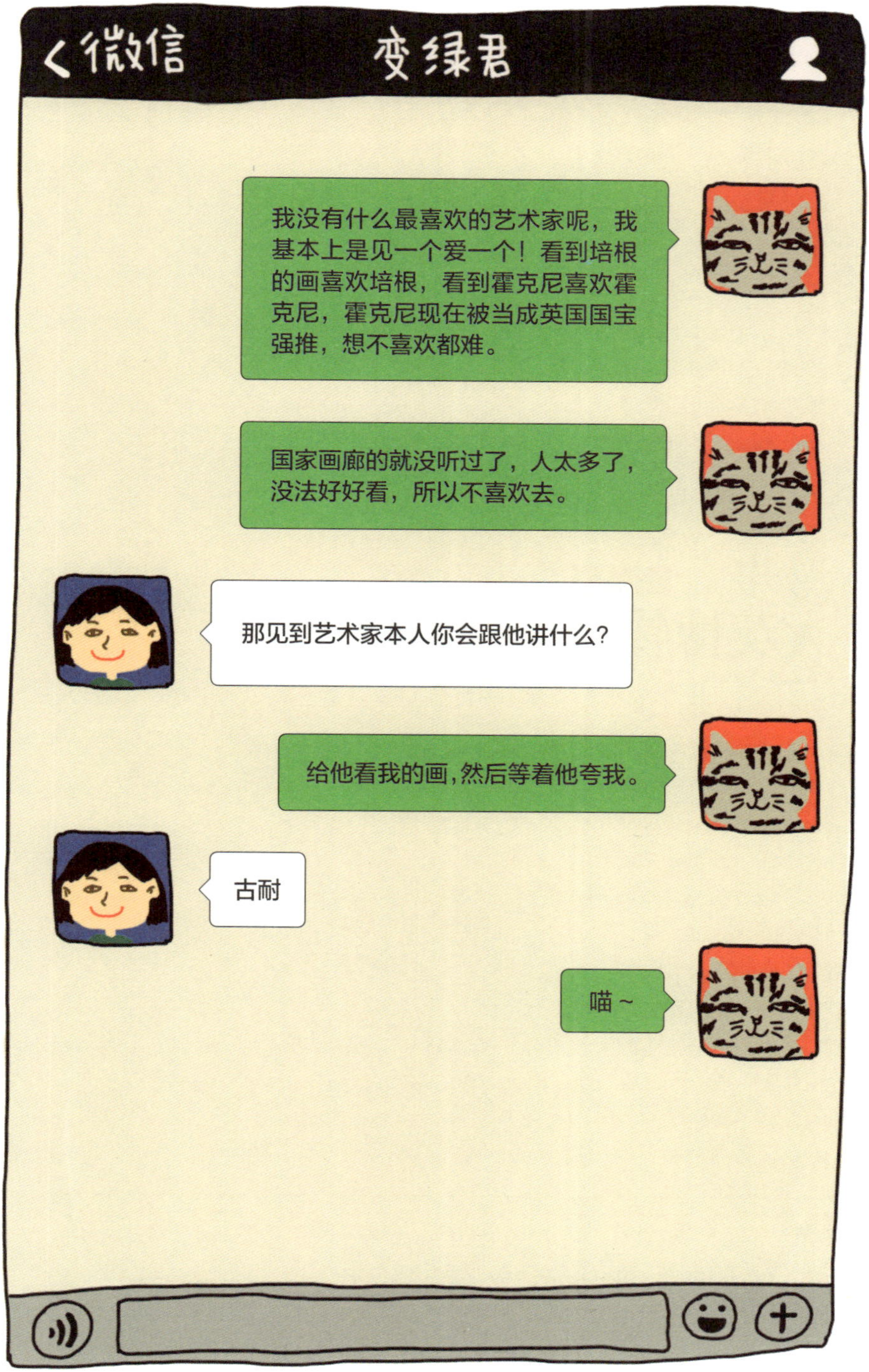

<微信
变绿君
我没有什么最喜欢的艺术家呢，我基本上是见一个爱一个！看到培根的画喜欢培根，看到霍克尼喜欢霍克尼，霍克尼现在被当成英国国宝强推，想不喜欢都难。
国家画廊的就没听过了，人太多了，没法好好看，所以不喜欢去。
那见到艺术家本人你会跟他讲什么？
给他看我的画，然后等着他夸我。
古耐
喵~

图书在版编目（C I P）数据

漫步大英博物馆 / 林深著 . -- 南昌 : 江西美术出版社， 2018.3
ISBN 978-7-5480-5665-2
Ⅰ . ①漫… Ⅱ . ①林… Ⅲ . ①博物馆 - 介绍 - 英国Ⅳ . ① G269.561
中国版本图书馆 CIP 数据核字 (2017) 第 236067 号

出 品 人 : 周建森
责任编辑 : 方 姝 朱倩文
责任印制 : 张维波 谭 勋
书籍设计 : 韩 超 先鋒設計 PIONEER DESIGN

漫步大英博物馆
Rambling in the British Museum
艺术之旅微笔记系列

著 者 : 林 深
出 版 : 江西美术出版社
地 址 : 南昌市子安路 66 号江美大厦
网 址 : jxfinearts.com
电子邮箱 : jxms163@163.com
电 话 : 0791-86566309
邮 编 : 330025
经 销 : 全国新华书店
印 刷 : 浙江海虹彩色印务有限公司
版 次 : 2018 年 3 月第 1 版 印 次 : 2018 年 3 月第 1 次印刷
开 本 : 889 毫米 × 1194 毫米 1/32 印 张 : 5.75
书 号 : ISBN 978-7-5480-5665-2
定 价 : 48.00 元